閱讀
阿卡西紀錄

看見零距離的鑰匙

郁康梅 KIMBERLY YU
王幼辰 ALLEN WANG ——— 著

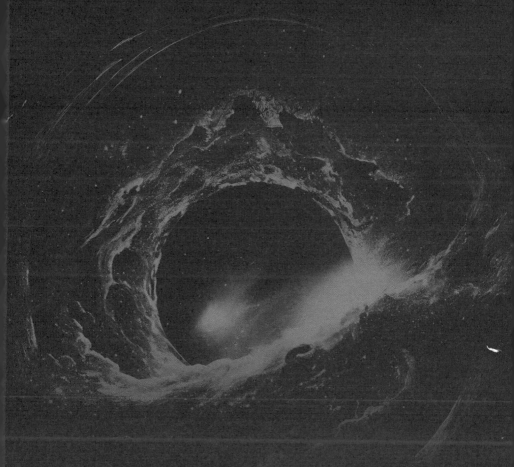

✦ 目次 ✦

第一章　何謂阿卡西紀錄？

第二章　「零距離」大門

第三章　宇宙中無限開採的資源

第四章　如何進入阿卡西紀錄

✦ 目次 ✦

第五章　視覺運用與強化專注力

第六章　宇宙頻率連結

第七章　雜念排除與保持專注

第二章 「零距離」大門

第三章 宇宙中無限開採的資源

第四章 如何進入阿卡西紀錄

✦ 目次 ✦

第八章　進入阿卡西場域

閱讀阿卡西紀錄，
拿回你的天賦能力

/

曾鼎元（子玄老師）
文化大學推廣教育部身心靈中心主任

　　2020年，Kimberly老師和Allen老師甫從香港教學回台，就到文化大學推廣部身心靈中心，跟我討論在台北開課的事宜，本來，我對於這些年靈性的開展相關課程就樂見其成，又正好有品質良好的老師願意來中心開課，我相當的感恩又開心，這一路合作，也已經三年了。

　　我是在第二次開課的時候加入阿卡西紀錄課程的，從初階開始學起，體會光的冥想和進入潛意識的訊息中，閱讀阿卡西紀錄是我們本然就有的能力，只需要正確的方法

和訓練將其打開，便能找到適當的途徑，幫助我們進入紀錄中擷取有用的訊息，獲得安心和穩定的能量。

事實上，我真正開啟對阿卡西的感受與意義是在進階課程之後，該課程需要互相引導同學，進入自己的潛意識中去閱讀訊息或影響。我看到了許多資料，從我的眉心輪中透出，可能是前世，也可能只是意象，但裡面的劇本都訴說著一些我當下遇到的困境與任務，給我解決問題的方法與建議，同時堅定我當下的道路，持續服務並且帶領文大的身心靈中心，讓更多大眾能學到好的課程，安心成長。

我想，自從2011年起，海王星進入雙魚座，人們對於身心靈的追尋就來到了新的高度，對靈魂意識的開啟與自身靈性的理解刻不容緩，許多人在物質生活和世俗人際中迷惘，於是來到了身心靈中心上課，Kimberly和Allen兩位老師的教學和引導，讓許多人得到了提升與跨越，我很榮幸為他們的新書寫序，閱讀阿卡西紀錄是我們每個人的能力，也是我們與生俱來的一部分，值得我們研讀學習。

阿卡西的傳承

/

鄭福長
佛化人生創建人、光之海創始人

　　在神聖宇宙的巧妙安排下，美好的因緣和合中，福長為Kimberly和Allen做了多次密集一對一量身訂作和客製化的心靈家教，成功點化了兩位門生。

　　兩位愛徒從此打開神聖意識的大門，走上靈性成長的道路，進入神奇的生命之旅，喚醒兩位聖子的靈性，啟發兩位聖靈的成長。而後透過和福長約作個案解讀阿卡西的機會，如學徒般地不斷地臨場經歷、真修實練、密集的見習和實習、薰習和薰陶，從做中學。福長點化啟發及潛移默化兩位門生，幾年以來，累積大量的助己和助人的外在

實務經驗和內在心靈體驗，奠定了深厚的靈性根基。

福長是生命的園丁，播下兩顆光明的種子，助其生根發芽、開枝展葉、開花結果，福長的天命就是協助個案活出自己的天命，Kimberly 和 Allen 就是活出天命的極佳典範，領受了真愛的傳承，也成為心靈傳燈者。

兩位老師善待學員個案都秉持純真的動機及良善的初衷，做出了美好的表率，並帶領學員個案共同經歷成長，福長深感欣慰，深予鼓勵支持。我們作個案時會閱讀阿卡西紀錄，用來辦案和破案，其本質是協助個案，淨化自己內在的雲霧，顯化自己內在的太陽，實踐人生的目的，活出生命的意義。

阿卡西是由英語「akashic」、梵語「akasha」、天城文「आकाश」轉寫「ākāśa」音譯而來。阿卡西是全息宇宙的生命紀錄庫，是潛意識中的第八識「阿賴耶識」的顯化示現。阿卡西傳統 1.0，比喻為圖書館；更新 2.0，比喻為電影院；升級 3.0，比喻為雲端庫。

阿卡西是智慧財產的寶庫，每次的輪迴轉世，帶不走的是形式，帶得走的是本質。優質，今世可以發揚光大；

雜質，今世可以清理淨化；特質，今世可以創造顯化。繼承自己的智慧財產；繼承自己的優良傳承，今世開創嶄新的人生，這就是阿卡西的功能。

我們可以透過閱讀阿卡西了解自己，解決問題；透過真誠溝通，化解業力，實現願力。閱讀阿卡西紀錄，本書提供了零距離的鑰匙，讀者朋友們可以藉由觀看本書，了解並進入阿卡西紀錄，簡單上手且實用。

讓我們使用心靈鑰匙，打開心靈枷鎖，成為荷光者，造就自己、造福世人、照亮世界，讓神聖自己有緣眾生，整個世界一起揚升化為愛與覺的光之海。

專屬於你的靈魂嚮導

KAI
作家、KAI文旅生活版主

　　我是個理性思維的工程師，一直不太相信無形的事物，後來生命經過重重考驗，才讓我開始走在修習身心靈的道路上。認識Kimberley和Allen老師是因為我有個特殊寶寶，為了孩子，我們夫妻四處奔忙求助，遇到很多奇人異事，也曾受騙上當，直到兩位老師幫助我們不斷回溯阿卡西意識源頭，很多疑惑才逐漸明朗，原來今生的功課是為了成就我的靈魂層次，為了回家啊！

　　閱讀阿卡西紀錄不是宮廟的求神問卦，也不是借助什麼神通力來消除業障，這是一趟自我探索的旅程，Kimberley和Allen老師就是我的靈魂嚮導，雖然老師可以

看見我的生命軌跡，但一路上風景的變化，是陽光普照還是陰雨綿綿，全憑我的意識念頭，有時候心境一轉就看見一座花園，天堂或地獄都在一念之間。

　　得知兩位老師合作出書的消息，我覺得非常感動，透過閱讀兩位老師扎實的人生經歷與助人案例，真的可以幫助到很多像我一樣低落無助，不曉得生命該如何繼續的人。地球來到躍升的關鍵時刻，越來越多人重視心靈層面的提升，兩位老師就像上帝使者來幫助大家跨越內心的障礙，每次當我又陷入坑洞的時候，都會想起老師跟我說的話：宇宙並沒有限制你，是你限制住你自己，只要內在問題解決了，外在問題也都會迎刃而解。然後我又會重振精神繼續走下去。在此衷心推薦這本書，它或許是你改變生命的重要里程碑！

沐浴在阿卡西愛與光中

妡老師

SHINE New Life 妡生命能量創辦人

第一次與兩位老師見面,是透過學生大力推薦而預約了諮詢。那時正逢品牌創業低潮期,有很多的疑慮想尋求解決之道,也是第一次接觸「阿卡西紀錄」。

過程中相談甚歡。非常感謝老師用正向溫柔的角度解讀紀錄,並透過兩位老師的指引,妡開創了「上古鳳凰靈氣課程」。

爾後,開始了妡與兩位老師的一連串合作。每一次的療癒,都為學生們帶來更多的啟發與鼓勵!

接到老師出書的訊息時更是開心不已,真是人們的一

人進行解讀，一個接著一個口耳相傳，經過之前的鍛鍊，人們的接收度與開放態度超乎我的想像，他們願意療癒內心層面及聆聽訊息指引。

　　早期我沒有平台曝光，因為我從沒想到我未來會把這當作是一個事業，直到在加拿大教育界有經驗的雪莉與我合作，我們一拍即合，繼續鑽研身心靈領域，開啟了「加拿大阿卡莎國際中心」。解讀的工作讓我看遍數千人的阿卡西紀錄，幫助許多人理解生命的意義，人們的困惑來源是自己，當他們得到解答及脫胎換骨時，我的感動由衷而起，我那時才真正愛上這份解讀的天賦。我一直告訴我的客戶：生命是無限的創造，宇宙有無限的資源，因為我確實去過、體驗過，我改變了，我領悟了，我顛覆幾輩子都沒想通的觀念，我開始超越生命、熱愛一切、更熱愛這份工作，也為我此生帶來至為深遠的影響。

真正的改變是由自己去創造

/

王幼辰
Allen Wang

　　早期的身心靈領域一直被視為神祕、不可觸及的範圍，一直隱藏於公眾的視野以外，但是當現實中會碰到很多奇特和突發的情況，已經無法從邏輯理性的方法去解決時，人們就會選擇以內心精神的力量解決生活中的困境。

　　我的父母接觸過佛教、基督教、伊斯蘭教、回教，他們耗盡半生尋找最適合自己的宗教信仰，而我也習慣在這樣的環境中長大，以不尋常的規則去看待事物處理事情。早期的宗教對於信眾的挑選是極為嚴格的，而我的父母也嘗試過各種方法，包括閉關修煉、斷食療法、打坐靜心，

讓自己的思緒暫時不被外界打擾，而我的成長道路也碰到了就學、畢業、面對社會、各種現實的問題迎面而來。我的母親開始從事佛教生意，並與台灣許多的知名禪師有生意上的往來，如星雲法師、淨空法師、聖嚴法師、達賴喇嘛的法會和佛教的慶典，而這些名師大部分的寺廟文物都出自於家族的事業。母親的佛教文化生產事業開始轉向到中國市場，也做得有聲有色。加上我的母親開始接收阿卡西紀錄個案，中國的政府官員、國家機關公務人員、知名企業負責人，幫助他們解決生活、心理和精神上的困境。

　　小時候的我不明瞭阿卡西紀錄，我在大學畢業之後，也為自己前途而徘徊，是要繼承家裡的產業還是去社會上找尋一份工作。我沒有天生的敏銳直覺、特殊的第六感，連進入冥想對當時的我來說都相對困難。直到2008年，因為家庭的事業遭受打擊和同行的競爭壓力，以及父母的身體健康遭遇了病痛的折磨，我了解到以普通人的方法去處理事情，問題將會困擾著我的一生，因此我開始真正的接觸到阿卡西紀錄，開始專心鑽研，一切的一切彷彿宇宙在告訴我，改變從即刻開始。

之後我便與合作夥伴Kimberly一起，開始接收個案，去幫助解決他人的人際關係、金錢糾紛、土地買賣、婚姻官司、工作事業等這些層面的問題。我們樂於幫助解決個案的心情，這也有助於我們自己的生活開始發生了天翻地覆的改變，以自己想要且最輕鬆的方式獲得精神和生活上的滿足。讓個案和學員可以理解，一切的解決方法都來自於自己，自己就是自己最大的助力，信任是改變的動力來源。而課程的開展和推廣也越來越順利並持續進行，也在條件具足的情況下，藉由中國文化大學曾鼎元部長的協助，開始撰寫此書。

　　此書的目的是希望閱讀過本書的讀者可以了解到，各個層面的方法和答案都是由自己獲取，不論是哪位高我或老師的協助，都是輔助性的，真正的改變是由自己去創造。

chapter

01

何謂阿卡西紀錄？

Akasha

外星文明維達傳訊

　　本書是以傳遞宇宙意識及外星文明的方式給人類。本書寫作的時候，人們已經願意接受靈魂溝通與宇宙意識交流的新觀念。

　　我們在一次進入阿卡西紀錄偶然的情況下，運用平常接收訊息一樣的方式，忽然有一位從沒見過的光體出現在我們的眼前。他的外表形態多變，雖然給人琢磨不透的感覺，但又會感到溫暖且自然親切。後來經過我們詢問，重複連結這位光體，終於得知他是宇宙超越太陽星系的存在，是一位名叫「維達」的高我意識。藉由他的幫助我們取得與外星的連接管道，因此本書絕大部分的內容資訊，

涵蓋了哲學、人文、社會、宗教、心理，這些種種的資訊都是我們進入阿卡西紀錄的情況下，詢問「維達」這位高我所形成的對話。這是一份很珍貴的禮物，很高興可以在這樣的機會下，藉由與「維達」這位外星意識連結，去幫助我們解答一些未知的問題，也希望可以透過「維達」的分享，讓更多的人認識到阿卡西紀錄的領域以及宇宙與地球之間的聯繫是密不可分的！

Akasha

整體──全面的宇宙觀

阿卡西紀錄從盤古開天以來就一直存在，就如同現今的衛星直播網際網路，它像電磁波釋出電能在我們的世界傳輸龐大的網絡信息及數據。也就是說，當我們經歷到的事件、接觸的物品，和我們正在談論的話題，這些都是以數據傳輸，訊息傳遞的方式在宇宙呈現。像是我們使用3C產品向雲端發送一些訊息，透過無線網路，上至衛星，下至伺服器，再返回到你的電腦和手機，這種程度上類似以摩斯密碼和代碼漂浮在我們四周。

阿卡西紀錄是宇宙整體的意識，不論是人類、動物、植物、土壤或礦物，小至一朵花大到宇宙都有獨特的阿卡

西紀錄，它不僅僅限於地球上，而是存在於宇宙之中，只要有任何意識的存在，就會有阿卡西紀錄的出現。但紀錄必須透過媒介以載體的方式呈現，需要有物質的呈現才會出現紀錄，就像歷史遺產及遺址的記述也是獨一無二的國家文明及文化遺跡，比如文字、畫像、語言和雕塑。這些載體有不同呈現的形式，只要是感官可以看得到、觸摸得到、感受得到、聞得到的，都會產生紀錄。地球本身會出現很多不同的情感，只有地球才會有這樣的現象，來到地球的意識體也會使靈魂產生新鮮感。宇宙中的其他星球不會有國家和地區的劃分，其他星球的生物都是一個整體、不分個體，星球的內部生態是平和的。而星球與星球之間因為不同種族會發生鬥爭和對立，彼此間有不同的意識才會產生分歧現象。阿卡西紀錄的組成方式，地球與其他星球相比，地球的意識的組成是最為複雜的，是因為地球上有很多不同狀態的事物，如：液體、固體、氣體，這是其他星球沒有的現象。有些星球只有固體卻沒有液體和氣體；有些星球有水源，卻沒有充足的光照；還有的星球只有礦物卻沒有水源，但地球卻具備了所有能夠讓意識保留

的條件，這就是地球意識複雜的特殊之處。

　　簡而言之，只要產生運動軌跡，有呼吸就會有阿卡西紀錄。舉例來說：建築物雖然不會移動，但只要受到光照和氣候變化，每棟建築物就會出現不同的阿卡西紀錄；土壤產生呼吸也會有紀錄，越多呼吸頻率和運動軌跡的生物，就會產生更多的紀錄。建築物、礦物這類不會移動和成長的物品，所產生的紀錄會較為單一，但如果是人類、動物、昆蟲、植物，會自我進化成長的生物，所產生是較為複雜的紀錄。所以阿卡西紀錄的數量多寡跟運動和活動的頻率是有關聯的，也會紀錄這件事物的平均值，所產生的情緒、思想、行為越多，阿卡西紀錄的數量也會持續增長，運動軌跡和呼吸頻率伴隨生物個體的行為表現、情緒、思緒也會一直影響阿卡西紀錄的內容。阿卡西紀錄存在的意義是提醒和觀察，回顧自身過去的歷史紀錄，了解每件事物在出生、成長、死亡的過程，了解每段歷史的形成，找到紀錄的緣由，觀察這段歷史遺留下來的後果，歷史的內容不關乎好壞對現在有多大的影響，並了解滯留和重複的現象。阿卡西紀錄不會隨著事物的毀滅而隨之消

失，只要這項事物在過去、現在、未來的時空中出現過，事物所產生的阿卡西紀錄就會一直存在於宇宙之中不斷永續地出現，而這項事物的周邊因素也會影響阿卡西紀錄的產生。

舉例來說：一名生活在深山的土著，他從來沒見過飛機這個駕駛工具，一開始可能土著不以為意，認為天空中的飛機是一隻很巨大的大鳥，但當周圍更多的土著一直不停地討論這架飛機的出現，討論飛機的目的地和飛行狀態。不在意的這名土著就會產生疑問，開始將注意力放在飛機上，而這樣的想法、思想轉移之後，阿卡西紀錄就會出現。

阿卡西紀錄的出現，主要有以下原因：

1. **沒接觸過的事物同樣也會出現紀錄**：比如恐龍、滅絕的動物，人類沒有親眼看見恐龍，但這段紀錄一樣會出現。
2. **過去遺忘的記憶**：比如忘記杯子放在餐桌上，但杯子不會隨著遺忘而消失。

3. **扮演的角色**：看到事物的反應和心理狀態，都會影響阿卡西紀錄的呈現。

4. **因果定律**：今天發生的結果，來自於過去的反應、經歷，而形成了現在的事件。因果的產生來自於個人意識是否願意與宇宙意識同步前進，宇宙的頻率一直不斷提高，而因果的影響正是個人意識的停滯而隱隱作祟。

阿卡西紀錄就像翻閱宇宙的歷史，去觀察這些歷史的出現，這些紀錄的影響所涉及涵蓋的層面有經濟、文化、政治、社會、軍事、醫療……等。阿卡西紀錄的觀看過程就像觀看人生的電影，在觀看電影時，觀眾會產生不同的心理現象，A觀眾很感動，B觀眾沒有觀後感，C觀眾因此有了擔任導演的夢想，D觀眾想當電影中的主角，E觀眾想提早離開電影院。每一件事物的接觸，會因為不同心理而產生不同的感受，影響著紀錄的呈現。集體意識也會影響著個人的阿卡西紀錄，例如節日慶祝、社會氛圍、政治議題、經濟形勢、文化差異、宗教信仰。

探討阿卡西紀錄的意義在於：探索自身的由來、發掘人生意義、尋找事實真相、制定未來目標、探討下一步如何進行、解決問題與尋求答案、改正生活習慣、堅定興趣愛好，如果不認真探索，就像漂流瓶漫無目的在大海上漂泊。阿卡西紀錄的存在就像宇宙的博物館，每個意識的存在就像博物館裡的收藏品，以不同形態放置在博物館中，博物館中以瓷器、石碑、書卷、畫作、雕刻品等形式呈現，稱之為時光博物館或流年博物館。

Akasha

個體──人類的阿卡西紀錄

　　在阿卡西紀錄這個名詞尚未被世人所知曉時，人們總是在找尋自己的人生方向的同時，容易陷入不斷重複的行為模式。在進入自我覺知時代時，閱讀阿卡西紀錄不僅探索整體意識的影響，也可以找到自身的人生意義，探索自己的內在。進入阿卡西紀錄在於可以幫助自己預防未知的威脅，看到自身現有的限制，回顧過去的重複模式帶來無限循環的延續性影響。人與人之間的相處是最複雜和最難理解的，透過阿卡西紀錄可以了解對方的想法，知道對方的內心在想什麼，對方的目的是什麼。阿卡西紀錄不僅僅運用在靈性的探索，也可以幫助從實際生活的考量找到

更多新的解決方法和答案。如果無法認知到這些問題的原因，同樣的問題將會重複地發生。

也就是說，你說過的每一個字，做過的每一個決定，腦海中閃過的每一個想法，還有你曾經感受到的每一種情緒，一切都紀錄在你的阿卡西紀錄中，不僅是今生這一世，而是你所有生生世世輪迴轉世，都會被紀錄下來。

阿卡西紀錄涵蓋的面向有以下幾點：

人際關係：親情關係（家人、親戚、伴侶）、愛情關係（感情觀、價值觀，對於愛情的期望）、友情關係（與朋友強烈的連結、朋友間的羈絆、似曾相識覺得極為熟悉）、職場關係（與同事的相處、與主管的互動），了解上述關係產生的原因始末。

家族關係：被家族影響所培養出的個性、家族模式，與家族的連結、為何投生於現在的家族、家族課題。

身體疾病：疾病的根源（腦炎、自體免疫性疾病、心血管疾病、中風、高血壓、癌症、阿茲海默病、帕金森症、動脈硬化、腫瘤、肺炎、肝硬化、心臟病、腎衰竭、骨質疏鬆症、乾眼症、癱瘓等）、身體的警訊（感冒、發燒、過敏、打噴嚏、腸胃炎、食物中毒、口腔潰瘍、胃食道逆流、攝護腺肥大、風濕、坐骨神經痛、扁平足、濕疹、異位性皮膚炎、肥胖症等）、家族遺傳病史（地中海貧血、白化症、骨頭發育不全、家族性高膽固醇症、先天性聾啞、糖尿病、肌肉萎縮症、唐氏症、哮喘、高度近視、僵直性脊椎炎等）、精神疾病（憂鬱症、抑鬱症、焦慮症、強迫症、恐懼症、飲食失調、大腸激躁症、厭食症、暴食症、躁鬱症、自閉症、精神分裂症、人格障礙、思覺失調等）。

生活習慣：飲食習慣（素食主義、肉食主義、重口味、嗜好甜食、挑食）、運動習慣（健

身、跑步)、購物習慣(消費習慣、對於某一品牌的狂熱執著、偏好依賴某一類商品)、習慣的產生和目的、強制性的習慣(強迫症、過於保守、囤物症、潔癖、完美主義)、如何克制習慣。

土地資源:土地買賣、土地糾紛、土地官司、土地的能量場干擾、土地事故發生的原因、土地爭奪、土地遺產分配、土地開發。

情緒:情緒的影響、為何容易產生同一情緒、負面情緒的產生原因(憤怒、煩躁、怨恨、憂傷、抑鬱、自憐、寂寞、沮喪、絕望、焦慮、驚恐、緊張、慌亂、懷疑、厭惡、輕蔑、抗拒、愧疚、悔恨、孤僻、逃避、麻痺、痛苦等)。

經濟:現金、股票、期貨、基金、房產、虛擬貨幣、市場趨勢、行業走向。

事業工作：工作如何穩定、如何得到更多的收入、如何找到完全適合而又輕鬆的工作。

　　婚姻感情：伴侶之間如何相處、伴侶的習慣如何磨合、對方內心的想法、是否能走到結婚的殿堂、伴侶感情不忠出現出軌劈腿的狀況、對於前一段感情無法放下、迷失在現有看不到未來的感情、短暫的感情只想尋求新鮮感、沒有安全感想要掌控對方。

　　祖先祭祀：家譜的來由、家族姓氏的根源、祖先的光輝事蹟、祖先的歷程、祖先遺留的課題、與祖先的連結、為何會成為祖先的後代、祖先帶來的習慣、祖先的安葬事宜、祖先的靈魂去向、祖先的能量場干擾。

　　顯化創造：事業豐盛、愛情豐收、身體健康、找到正確的目標、合適的伴侶、家庭和睦、

親子關係和諧、金錢收入增加、找到熱愛的事業、找到有興趣的愛好、培養強大的意志力、擁有強健的身體、具有清晰的思想、強大的行動力、源源不絕的客源、豐沛的資源、擁有同一志向的合作夥伴、學業有成、穩定的收入和工作、額外的機會、始終往同一目標不斷前進。

其他：政治（國家形勢、國家未來的走向、國家領袖的心態）、宗教信仰（宗教的來由、宗教的影響）、寵物（心理、身體、行為表現）、植物（來由、外觀）、礦石（來由、外觀）。

阿卡西紀錄指引著我們，在面對不同場景和遭遇時，表達出的情緒會有很多種方式，會以自身所具有的方式去闡述內心。當我們面對以努力而獲得的成績時，會流下歡樂的淚水；當我們面對快承受不住的壓力時，會產生痛苦的掙扎；當我們頂住困難，獲得一次又一次的蛻變時，會出現重生的可能；當我們面對自身及周遭悲痛的經歷時，

會深有感觸；當我們得到突如其來的機會時，會得到喜悅的滋養。

我們的情緒、思想、行為豐富多彩，會因不同的環境而引發身體的化學反應，有時是一個斑駁的痕跡，而有時卻又是一個新生的記憶，一切在於你如何做出自己的選擇並前進下去。

chapter

02

「零距離」大門

Akasha

什麼是零距離？

本身就具有的能力

人類從嬰兒時期開始，天生就有表達自己情緒的能力，例如歡喜、生氣、悲傷、快樂等等，這些行為會引起他人對自己的關注。每個人透過表達自己情緒的方式，而進入這道靈魂之旅的大門，是我們每個人原本具有的能力。就像我們天生就具備五感，如安全感、舒適感、愉悅感、尊重感和高貴感；六覺如聞到氣味、聆聽聲音、品嘗味道、觸摸物體、看到實物和人的下意識，在日常生活中憑自我的直覺判斷去分辨周圍的事物，而有反射的肢體

動作。

　而探索靈魂的能力，的確被我們逐漸遺忘，「零距離」這道大門正是象徵我們可以隨時操控意識，進入無限的資料庫去尋找我們想要的答案。即使答案離我們很遠，或者未被發現，但靈魂卻想要讓我們早一點知道。

　人類在嬰兒時期，是靠自己的本能去探索未知的世界，而成人時期經過學習和累積的經驗而具有成熟的思考和判斷，卻忘了嬰兒時期就具有的能力。但請別忘記，探索靈魂的路途上，就如同嬰兒的成長過程中需要長期的培養和信任，才能將本身就具有的能力──也就是進入阿卡西紀錄，尋找到未知的真相──發揮得淋漓盡致。

　你可能會有這樣的疑問，成年人的我，還能重拾這樣的能力嗎？如果你對探索靈魂旅程有興趣，或者想要了解突如其來的情緒從何而來，答案是肯定的。相信自己可以接觸和探索靈魂，你的能力會因為好奇心和求知慾而開啟。

　這樣的能力可以經過練習，沒有任何的限制。《原子習慣》中提到：「習慣是一種複利效應，猶如原子一般極

小的習慣，利滾利會滾出巨大的差異。每天都進步1%，一年後你會進步37倍。」就像去駕訓班學習駕駛技術，學成時已經獲得教練的認可而獲得了駕照，無論你是初學者或是已經熟練的職業車手，最後是否真正進入主駕駛座駕駛車輛完全取決於你自己的選擇。

這道大門就如同駕駛車輛一般，一切來自於你的選擇，是否隨時準備好。

進入的路徑

進入的方式可以是本身就具備的能力，會以多元化呈現出來，如憑藉天生的直覺，借助宗教的信仰，以祈禱文，或經典教義進入，也可以只是從內心層面出發，以誠摯的心，了解他人的意圖，或是透過不斷覺察，觀看精美的藝術創作，聆聽美妙的音符跳動來開啟「零距離」的大門。

胎兒在母親子宮裡的孕育期處於長期睡眠的狀態，而靈魂也會因為未被探索未被喚起，而進入靜止不動沉睡的

狀態。怎樣讓靈魂被喚起，進入開啟「零距離」的大門，需要增加行動力，讓靈魂能夠習慣被喚起而產生反應力。行動力的增加需要不斷地練習，就如同身體肌肉，需要保持一定的強度和訓練，才能維持身體的強健機能和充沛體力。

　　進入大門的能力，就如同查閱宇宙的網路資料，資訊是可以隨時被搜索、尋找和獲取，這是我們每個人都可以讀取的天賦，就像進入無線網路查閱資料時，只需要彈指之間就可進入。

■ 超意識鍛錬：自我意識彈射

1. 輕輕閉上你的眼睛，專注在你的呼吸上，開始深呼吸三次，直到你的內心達到平靜為止。

2. 投射自己的樣貌在意識裡，然後站在自己的面前。

3. 觀想你的頭頂上有一層一層的雲層，讓你的意識穿越雲層，直到你的意識脫離地球表層，如同炮彈彈射出去，一開始你可能會發現彈射的力度不遠，馬上回歸到地球範圍以內。正是因為你的意識還不夠輕盈，仍然被地球重力干擾，重力代表生活的壓力，不隨意被生活的雜念而捆綁分心。

4. 持續鍛錬，直到你可以輕盈把自己意識彈射超出地球表層為止。

5. 當你完成意識彈射鍛錬，準備回到地球時（自身狀態），慢慢把你的專注力回到自身身體上面，感受你的頭部的存在、感受你身體的存

在，感受你雙腳的存在，最後再感受到你呼吸
的存在，完全回歸到自身狀態時，你就可以張
開眼睛回到當下。

6. 多做幾次超意識ESP[1]鍛鍊，直到你輕鬆駕馭
它為止。

■ 冥想練習：壓力與負面情緒釋放

1. 輕輕閉上你的眼睛，專注在你的呼吸上，開始
深呼吸三次，直到你的內心達到平靜為止。

2. 觀想你是大自然中的海洋生物——浮游。想像
自己成為浮游生物本身，有著變化多端的外
型、體壁柔軟、豐富多樣的形態和生活方式。
試著讓你的身體伸展開來就像浮游，因為在水
中移動能力減緩，你喜歡漂浮在水面上，隨著
海洋漂流，你現在就是生長在水中的生物。

---

1. ESP是英文 ExtraSensory Perception 的簡稱，意為：超感官
知覺，是一種超心理現象，就像人們所說的「第六感」。

3. 現在試著讓浮游可以跟隨大海的流動漂浮在海上，有時靜止在水中不動、有時在海泥中匍匐前進。如果無法跟隨海流漂浮，則代表你還有很多的情緒需要清理，不斷練習讓浮游可以漂浮在海上，也是幫助你淨空你的思緒。

4. 持續鍛鍊，直到自己可以想像是完整的海洋生物。

■ 口語練習：咒語唱誦

中文：哇 搜 吽

中文：我們回家了

咒語解釋：回家的道路，回到宇宙的源頭

當你持續唸持這個咒語，指引你靈魂回家的道路，並開啟一道光明之路。

Akasha

零距離大門的源起

許多神話中講述的「天堂之門」、「通往天堂的道路」、「潘朵拉魔盒」、「摩西分紅海」、「天空之城」、「彩虹橋」，這些都在描繪探索真理的道路。

在《聖經》中的《約翰福音》中記載的神蹟有助於了解耶穌對真理探索的表述。

上帝透過「牧羊」門訓領袖

在《約翰福音》中，記載了七個神蹟和七個耶穌的自我宣告。

七個神蹟包括：

1. 水變酒（改變的力量）。

2. 醫治大臣的兒子（心靈的療癒力）。

3. 醫治38年癱瘓者（疾病的改造）。

4. 五餅二魚使五千人吃飽（意識無限的延伸）。

5. 耶穌行走在海面上（意識不受空間束縛移動）。

6. 醫治生下來瞎眼的人（後天能力的培養）。

7. 拉撒路死裡復活（引導逝者的靈魂歸處）。

在《約翰福音》中，記載了耶穌的七個自我宣告是：

1. 我就是生命的糧（我就是宇宙的源頭）。

2. 我是世界的光（我就是力量的來源）。

3. 我就是羊的門（我就是開啟大門的鑰匙）。

4. 我是好牧人（我能夠培養天生就具有的能力）。

5. 復活在我、生命也在我（我的任何情緒、思想或現實結果，都來自於我自己所創造）。

6. 我就是道路、真理、生命（我即是宇宙，宇宙

即是我）。

7.我是真葡萄樹（我能夠創造一切豐盛的果實，
一切答案從自己挖掘）。

　　耶穌說過：牧羊必須有耐心、愛心和信心，如同心靈
的鍛鍊需要持久；牧羊過程會孤單寂寞，此時就學習如何
與神獨處。因此，摩西在曠野40年的訓練中，已擁有愛
心、耐心和信心，也知道如何與上帝獨處（這裡的上帝是
指自我，知道如何與自我獨處），然後上帝就讓他去帶領
兩百萬人民（人民指小我意識）。所以我們能從《約翰福
音10:11-16、27》經文中，學習神要教導我們的事：「我
是好牧人；好牧人為羊捨命。若是雇工，不是牧人，羊也
不是他自己的，他看見狼來，就撇下羊逃走……我是好牧
人；我認識我的羊，我的羊也認識我，正如父認識我，我
也認識父一樣（父即是大我，自我神性）；並且我為羊捨
命。我另外有羊，不是這圈裡的；我必須領他們來，他們
也要聽我的聲音，並且要合成一群，歸一個牧人了。……
我的羊聽我的聲音，我也認識他們，他們也跟著我。」上

述的羊皆是指個體靈魂意識，需要被隨時觀察及調整。

在伊拉克首都巴格達城以南約一百公里處，幼發拉底河沿岸的古巴比倫，五千多年前曾矗立著一座無比壯觀美麗的巴比倫通天塔。這件事是發生在諾亞方舟大洪水退後，諾亞的子孫們說著相同的語言，他們的國度因此而興盛，當時的君主就想要建造一座城和一座通往天堂的高塔，以宣傳人類的豐功偉業。

高塔的外觀可媲美埃及著名的金字塔，形狀也有幾分相似，目的是讓眾神前往凡間住所途中的休息處，可以稱得上是天路的「休息站」或「旅館」。君王下令全國人民不分你我，需要大量子民來參與修塔。在塔頂上，還建有神殿以供奉馬爾杜克主神，塔的四周是倉庫和祭司們的住房。但是當這座塔建到快要抵達天上時，這舉動卻激怒了神，於是從天空降下一道巨雷（巨雷即是人們心中的心魔），將這座通天塔毀滅以告戒人民，不可懷疑神的旨意，於是，巴比倫又被稱為「冒犯上帝的城市」。巴比倫通天塔既是世界上著名的古代奇蹟，也是一個長期不解的謎團。幾千年來人們一直都沒有發現巴比倫通天塔的遺

蹟，有人認為它不過是個神話。

西元1899年3月，一批德國考古學家，在持續十多年的大規模考古工作下，終於挖掘到了兩千多年前的巴比倫古城遺址。考古學家在古巴比倫遺址上發現一塊石碑記載了通天塔的方位和式樣，才知道這就是通天塔的地基。藉由這個古代奇蹟，我們可以發現眾多的古代建築不僅表達了當時帝王的權力，也在嘗試建造與天神會面的橋樑，原來當時的帝王早就知道，任何力量都需要與天神祈求（即是宇宙的源頭），所以帝王才會不顧險阻而建造通天塔，以此來獲得百姓安居樂業，國泰民安。

而在目前世界上存有的七大奇蹟之一的埃及金字塔，在歷史記載本是存放古代王公貴族的陵墓，但這樣的說法慢慢被考古學家不斷地推翻，光是金字塔的建築構造和運輸人力、物力，在當時的情況都是不可能辦到的，很多工程師和科學家認為，如果僅憑人類的力量，是很難完成這一偉大創舉的。

我們可以發現地球的各處都分散著不同的偉大建築，也代表著當時世界上的不同文明各處都在建造與宇宙的源

頭溝通的途徑，透過建築物的建造而形成巨大的頻率加上當時的祭司唱誦咒語，而讓這樣的頻率不斷地在不同的建築加強擴散。巴比倫通天塔位於地球的東方地區（伊拉克，東亞地區），而埃及金字塔位於地球的西方地區（北非地區），兩者在地球兩極形成一個頻率的平衡。

維達會客室：請問偉大的外星先進文明發言人，為什麼當時的帝王會不顧一切建築這些耗費大量人力物力的建築呢？他們的目的是什麼？

維達的回答：其實這些文明都是宇宙的先進文明遺留下來的，都是宇宙的不同的外星種族，也就是更高的意識，為了讓地球上的人類意識在不同的時代有所成長，所以才故意留下這些悠久的歷史去引導不同時代的人們。

上述提到的古巴比倫和古埃及的歷史古蹟，之所以能夠保持那麼久的時間，就是為了讓想要提高意識的人看到這些文明後可以甦醒。不僅在西方，每個地區都有外星種

族特意留下的先進文明，例如像：中國的長城，建造的情況與古埃及金字塔極為相似，脫離了物理的定律。中國的古代國師，在祈求平安及祝福時，所使用的祈請文，其實就是在與外星種族連結，所以在祈請的過程中，祈請文的內容使在場的君王大臣都無法理解真正的含義是什麼。

古巴比倫和古埃及的祭司所使用的咒語，也是以人們無法理解的方式來唱誦，這樣的祈禱方式一直被視為神祕的力量，雖然知道國師和祭司使用的目的，但卻不知道為何要這樣使用，而你們可以仔細發現，許多保留在歷史文明當中的文字至今仍然很難被破譯。

很多以科學很難解釋的事實卻活生生地出現在我們的面前，古代的建築物與外星種族連結的頻率散落在世界各地，如：納斯卡線、特奧蒂瓦坎、麥田圈、埃及金字塔、復活節島石像。這些現象是為了讓地球上的每個國家和地區的頻率達到平衡，如果其中一個地區的頻率沒達到平衡，隨之帶來的會是很快的文明衰滅毀壞，漸漸被人們遺忘，而生活在地球上的我們，也會被這樣的頻率所影響，而產生了地球的地殼變動，地殼板塊運動，導致人類意識

不斷分裂鬥爭對立。

維達會客室：請問為什麼中國的古代帝王世家，都很喜歡用龍這個神話動物，來代表帝王的權威，是有什麼特殊的含義嗎？

維達的回答：龍對於外星文明來說，它們是幫助中國建造文明的使者，例如帝王在統治中支撐宮殿的龍柱，所穿戴的龍袍，上朝時所坐的龍椅，批閱奏章所用的龍頭造型玉璽。

帝王也是被外星種族所任命的地球發言人，使用龍的象徵物，也是側面地在與外星種族頻率連結，以此來治理周遭邦國、穩定人心。三國時期的臥龍先生諸葛亮，在古書中呼風喚雨，使用七星燈延續生命，所使用的符咒，經常搭乘的船隻也以龍的造型作為船首。龍的出現與古埃及、古巴比倫的力量，具有異曲同工之妙，都來自於運用神祕力量。諸葛先生與祭司都會使用火苗來維持儀式的進行，也是維持潛意識的運作，透過這些特定的方式與我們

連結。

　　中國人的始祖伏羲、女媧、盤古，傳說皆為人首蛇身或是人首龍身。中華民族的祖先黃帝和炎帝，傳說中都和龍有連結緊密的關係。古書記載炎帝的母親女登做夢感應到「神龍繞身」而懷孕生下炎帝，死後化為赤龍。

　　中國人自古以來自稱「龍的傳人」，一詞於中國史書中均有記載，以證明中國文化與龍有密不可分的關係。數千年來，龍受到人們的尊敬和崇拜。在漫長的歷史過程中，經過戰爭而分離也經過戰爭而統一，而龍圖騰始終是中華民族最古老的圖像，沒有被人們丟棄。信奉龍圖騰的民族逐漸成為領導者，而龍的圖騰逐漸成為大家的信仰。其他民族原來信奉的圖像逐漸被虛化、被合併到龍的形象中去，因此形容龍的特徵越來越多也越來越具體，最終龍成為了皇帝的代表。

　　我們在許多民間故事和神話中看到：龍是象徵能力超群、英勇善戰和聰明多智的，甚至能看見未來、變化多端、興風布雨、電閃雷鳴、移山倒海。

　　龍也是富裕的象徵，龍宮成了蘊育寶藏的風水寶地。

在《史記‧封禪書》中記載，龍帝，就是天帝，也叫玉皇大帝，他是中華民族的祖先黃帝，並且是真龍的化身。黃帝和子民在首山開墾挖掘銅礦，用銅鑄成一只很大的銅鼎，放在荊山腳下。銅鼎鑄成的時候，在天上有龍垂下鬍鬚迎接黃帝升天。黃帝就跳到龍背騎上去，他的臣子還有妻小也都紛紛往龍背上爬，一共坐了七十多人。這時，龍升上天去，剩下的小臣都想往上擠，一個個都攀爬著龍的鬍鬚，然而龍鬚承受不了重量而斷裂，黃帝隨身帶著的弓也被拉下來掉在地上，群臣百官們只能抱著龍鬚和弓號啕大哭，黃帝升天之後便成為了天帝。

所有的傳說，誠如女媧、炎黃二帝，以龍身出現在人民面前，離世之後卻又以龍的形象回歸到了天上，回到最初的歸宿——外星文明種族的所在地。

維達會客室：請問為什麼一直提到外星種族，你們來自於哪個星系？為什麼外星文明一直想要幫忙地球？地球的世界一定要經歷不斷的起伏才能揚升嗎？

維達的回答：我們已經超越了你們認知的範圍，存在於太陽星系以外，也是人類尚未探索到的星系，地球在我們的視野中如同塵埃一般的大小。我們正在協同其他外星文明幫助地球成長，經歷挫折才能更加成長，你們需要更多的碰撞，意識移動，超越所想像的，我們隨時在觀察你們並等待著你們的歸隊。過去被時間埋沒的文明並未消失，而是被我們安排在宇宙的其他空間發展，如同地球的發展一樣。人類所經歷的石器時代、農業時代、工業時代，乃至現今的知識時代，以及地球所經歷的白堊紀、侏羅紀、冰河時期，都正在被我們保存在宇宙當中的其他空間，地球意識的進步，也衍生出新生的星球意識正在誕生。

■ 超意識鍛鍊：多重角色扮演

1. 輕輕閉上你的眼睛，專注在你的呼吸上，開始深呼吸三次，直到你的內心達到平靜為止。

2. 現在，在你的內心，你可以挑選你想要扮演的角色，例如植物、樹木、礦物，或是人物，任何角色你想要扮演都可以嘗試去冥想。

3. 觀想扮演這些角色之後，你的情緒會不會產生浮動，理解這些角色帶來的情緒反應，以不同的人物角色去看待同一個世界，以多重的角度解析自己的人生各個面向。

4. 當你越來越理解與同理人生的各種面向，你就越能掌握自己的今生遇到的各種難題。

Akasha

如何擁有開啟大門的鑰匙？

雕琢自己的身體，使身體形狀雕琢成鑰匙的形狀，當我們探索自己，就是雕琢鑰匙的開始，鑰匙並不在身體內，身體就是鑰匙。

在我們的意識進步過程中，人體的構造也隨著意識的不斷變化而進化。眾所周知，英國生物學家達爾文在 1859 年出版的《物種起源》提出演化論，同時他也是預言家、博物學家、地質學家。他預測著人類未來的走向，他認為萬事萬物都是演化而來，而這點也間接證明潛意識也會進化，更提出來幾點讓現在生物科學界普遍認可的理論。

1. 演化論物種是可變的，現有的物種是從別的物種演變來的，一個物種可以變成新的物種。這點如今已被生物學、解剖學、胚胎學和分子生物學等學科觀察實驗所證實，甚至有更多的新物種尚未被發現。在今天仍有少數固執己見而無視事實的人不相信達爾文的論點，實際上大部分的生物學家都肯定了生物演化的事實。

2. 遺傳學驗證所有的生物都來自共同的祖先，所有的生物都使用同一套遺傳密碼，生物化學揭示了所有生物在分子水準上有高度的一致性，最終證實了達爾文這一卓識。

3. 物競天擇是演化的主要機制，自然選擇的存在，是已被無數觀察和實驗所證實，自然選擇是進化的主要機制，所以也是一個科學事實。

4. 漸變論：生物進化的步調是漸變式的，是物種在自然選擇競爭下，由微小的優勢變異逐漸累積改進的過程，而不是跳躍式的。這點也受

到普遍認可，以上是以人類的學術觀點去界定的。

聖經舊約《創世紀》中，上帝製造了第一個男人和女人亞當和夏娃，他們是人類的祖先，全人類都是他們的子民，人類群體之間親密無間、彼此信賴。他們住在美麗的伊甸園，周圍種滿了各種花草樹木。神說任何伊甸園樹上的果子他們都可以吃，除了一棵樹上的以外，他們如果吃了分別善惡樹上的果子，就需要離開伊甸園，而且最後會死。

撒旦變成的蛇欺騙並且魅惑了夏娃，撒旦說，他們如果吃那果子，就能分辨善惡，而且不會死，夏娃選擇吃那果子，夏娃也把果子分給亞當吃。當上帝再次看向亞當和夏娃，他們因為害怕而躲起來。神問他們是不是吃了那分別善惡樹上的果子，亞當和夏娃告訴神他們已經吃了果子，他們因為自己的選擇不得不離開伊甸園。他們與神隔絕，但神為他們制定了計畫。現在，他們能知善惡並生養子女，亞當和夏娃答應遵守神所有的誡命。他們服從神的

教導，將頭生的羊群獻祭給神，為此他們都感受到極大的喜悅，因為他們和家人回到神身邊，這就是廣為流傳的人類創造史。

從這個故事中不難發現，其實亞當和夏娃就是我們人類意識的化身，突破禁忌創造出有獨立思考和行為模式的人類，並成為不斷自我成長、進化的物種。而神即是宇宙整體意識，不管你今天出於什麼樣的心情和處境與宇宙對談，宇宙都會一直觀察照看著你，宇宙不會因為今天你的過錯錯失而對你失去耐心，他們對每一個人都是平等看待，只要你願意開通溝通的橋樑，他們也隨時歡迎你與他們無限制和無保留的相遇。在《創世記》中人類始祖（亞當夏娃）與宇宙（神、主耶穌基督）之間都是互相幫助、分享及共同創造，但人類卻隨著不同文化區域，而產生出地區的獨特意識形成了分歧。

從人權主義出發，我們不難發現部分國家領袖也正在致力於世界意識共同進步。美國的前總統亞伯拉罕・林肯是美國歷史上最偉大的總統之一。他在總統任內，美國發生南北戰爭。他是廢除黑奴主義之中的溫和派，反對奴

隸制度在美國的擴張。林肯致力於為黑人與白人地位權利平等，黑人為自己的種族權益發聲而抗爭。他崇尚民主自由，相信天賦人權，為了拯救即將分崩離析的美國，發布了長達 11 週的戒嚴令，成功地挽回局勢，統一美利堅合眾國，並頒布《解放黑奴宣言》，以及他留下的精神、形象，成為後來民主自由世界的象徵。

林肯早年的生活歷經艱辛，他從童年起，就開始幫助父親開墾種地，年輕時從事過園丁、商店夥計、木工等基層工作，他個性純樸，為人正直，態度誠懇，也被人稱為「誠實的亞伯」。他雖然生活窮困，但卻非常用功自修讀書，在少年時就很有學問。他最喜歡的一本書是《華盛頓傳記》，書中附錄了美國建國先賢所寫的《美國獨立宣言》，在宣言內開篇即提到「人所追求爭取的一切，都是依神賦予人的權利而進行」。少年林肯就此立下了跟隨他一生「天賦人權」的信念。

但早在大選之前，許多抱持不信任態度的南方州領袖就威脅說：如果反對擴大蓄奴的林肯獲勝，南方各州就要退出美利堅合眾國。到了 1861 年 2 月 4 日，南方七州成

立了美利堅聯盟國，南北對抗的態勢逐漸成型。林肯正式就職後，表達了自己的決心：要盡一切力量來阻止美國分裂，挽救這一場美國史上最大的分裂危機。南方政府派兵攻打北方的薩姆特要塞，林肯領導的聯邦政府被迫應戰，美國史上最大的內戰──南北戰爭就此展開。之後，在南北戰事取得節節優勢的情況下，林肯於蓋茲堡國家公墓發表了史上著名的《蓋茲堡演說》（Gettysburg Address），開端就如同他在少年時閱讀的《獨立宣言》：「87年前，我們的先輩們在這塊大陸上建立了一個嶄新的國家，這個國家孕育於自由之中，奉行一切人生而平等的原則。目前，我們正在進行一場偉大的內戰，它檢驗著我們的國家，或任何一個如此孕育並奉行如此理念的國家，能否長存。我們將使這個國家，在上帝的保佑下，得到自由的新生，使這個民有、民治、民享的政府永世長存。」

這場演說的內容成了傳世的經典，美國歷史上最偉大的演說之一。最後南方邦聯投降，歷時四年的南北戰爭就此告終，美國回歸為統一的國家。林肯成功領導美國，度過歷史上最為嚴重的道德、憲政和政治危機，並廢除了奴

隸制度，讓美國成了現代民主國家的典範。於美蘇冷戰期間，林肯的形象成了自由的象徵，其堅持的民主精神也為共產政權之下遭迫害的人們帶來希望。後世美國歷史學家是這樣評價他的：美國第一任總統喬治·華盛頓為國父，第十六任總統林肯為國家的拯救者。

林肯平息這一戰爭創造了當時時代意識先驅無可避免的衝突及談判，不論是黑人白人之間的美國內戰，抑或是全球各地東西方國家的衝突，都一再與地球的整體意識形成了呼應，人類的行動正在隨時改變著地球的樣貌，我們應當從人類進化史中的各個階段：甦醒、探索、研發、侵略、抵抗、隱祕、懷疑、合作，從中知道不管你是身處於哪個國家或地區，你我都是一個整體，你即是我、我即是你，不可分割。當我們察覺到地球與我們的緊密關係，也是我們意識正在慢慢拓展的時刻，人類的大範圍提升也就是回到最源頭，知道地球給予我們的重要使命和初衷，我們只有在這不斷循環的過程中，一直學習並認知到原來我們的世界正是由我們的心念所創造。目前人類意識正處在這一時代的尖端與頂峰，所以現在正是抓緊腳步，迅速

成長的時機，也是最容易拿到開啟「零距離大門鑰匙」的機會！這也是唯一的機會！放下你的比較、批判、你爭我奪、推擠、自我優越感、男女權力抗衡、社會關係不平等。如果不趁現在拾取這把鑰匙，請回憶起你就像當初亞當夏娃創造出人類的最真實本質：善良純真，而受到凡事的誘惑，我們將會隨著地球的迴圈而消磨擠壓我們的耐心，然後再次等待下一個拾取的機會，這個機會有可能是上百年甚至是上千上萬年。

維達會客室：古代的許多宗教透過朝拜的神聖儀式去獲得內心的寧靜及平和，為什麼他們都會重複作同樣的動作，例如佛教或伊斯蘭教，這些信眾在進行朝拜儀式時，都需要合掌，兩個手掌的手指尖方向朝上，而不是朝向左右或下邊？如果意識真的無法一下很快拓展，是否可以有簡單的手勢和符合象徵，可以幫助一般沒有任何基礎連結過的大眾，可以簡單練習？

維達的回答：很高興你作出這樣的提問，人

們一般會按照一定的儀式作出同樣的動作，藉由這樣的方式擴充你的意識，所以手指尖的方向必須往上，這是有一定的原理，人類的頻率也需如手勢一直向上，需要得到成長，而不是倒退，而遵從儀式的信徒們則不會去質疑手勢的用意是什麼。接下來我將演繹每個人都可以作出的手勢：請將你的兩個手掌舉起，拇指與拇指，食指與食指輕輕觸碰，形成三角形的形狀，無需交疊。代表著你與宇宙源頭的意識連結，身心靈三位一體，由手勢的三角形狀發出的信號藉以與宇宙達到同樣的信號頻率。而閃電的符號會幫助你們與我快速連結，形成快速串聯的通道。

合掌的手勢最早源自印度的禮法，也被稱為合十，代表心思恭敬禮拜，祈求和平、友好。而在佛教的經典中，合掌則是代表不垢不淨、福慧雙修，也是對佛教三寶的恭敬，表示「十度」，即施、戒、忍、進、禪、慧、方、願、力、智。合掌看似簡單，卻有不可低估的含義，宇宙

與人體都是代表世界的迴圈，而人體就是宇宙的縮影，所以合掌也涵蓋宇宙萬有法則。

鑰匙並不需要固定的形狀或是特殊的材質，相信並且講述你的夢境，也是進入的方法之一。如同「元神出竅」，電視上播放的古裝劇，常常會有這樣的一個畫面：兩名內力雄厚的武林高手，身形不動，但他們的元神卻早就超越十萬八千里，在一個虛幻的場景裡使出自己的看家本領、難分伯仲，一時之間很難分出高下。武林高手在修鍊內力的階段，會無限地探索自己的極限在哪裡，以此來達到功力上的巔峰。我們在現實生活中的表現就如同一場夢境，身體上不需要任何的額外感知，但意識已經跳出身體的束縛，進入到不用刻意控制身體的狀態。但生活中的我們，卻因為一些不可控制的因素而放棄探索，潛意識的訓練就需要去吸收不同的經驗而得到真諦。

北歐的維京時代（從790年開始直到1066年），維京人在船隻航行出海前，會用號角發出揚帆起航的訊號，意喻一路平安，順利歸來，期望與大海和平對話，沒有任何企圖想要冒犯大海。傳說的北歐神話中，彩虹

橋（Bifrost，Bifröst，古北歐語：Bilröst），意即「搖晃的天國道路」，是連結阿斯嘉特（Asgard）和米德加爾特（Midgard）的巨大彩虹橋。阿薩神族（Aesir）的諸神每天都會沿著彩虹橋來到世界之樹旁的兀兒德之泉開會。海姆達爾（Heimdallr）是此橋的守護者，他在此監視巨人國，防止他們對阿斯嘉特的侵擾攻擊。海姆達爾的居所「希敏約格」（Himinbjorg）其大廳就位在橋的末端。在諸神的黃昏中，彩虹橋將被史爾特爾（Surtur）等巨人踐踏而崩塌。關於彩虹橋的描述，大多出現在《散文埃達》裡，但《詩體埃達》也有提到一些。有些學者認為，原本在《詩體埃達》中，Bifrost指的是「銀河」，而《散文埃達》的作者史洛里・斯圖拉松（Snorri Sturluson）重新詮釋後變成了彩虹。而關於彩虹橋，亦即煩亂的思緒形成了內心的世界，巨人國的入侵就是通往更高頻率的阻礙。

我們每天在早晨醒來時，會出現很多繁雜的思緒，總要平復好心情再開始新的一天。在寺院中，敲響古鐘用於召集僧人上殿、誦經做功課，還是日常的起床、睡覺、吃飯等，無不以鐘為號。清晨的鐘聲是先急後緩，警醒大

家，長夜已過，勿再放縱沉睡，要早起抓緊時間修行。而在現代，我們會因為需要召開早晨會議或是在規定的時間到達某一個地方，使用手機設置鬧鈴或是在床頭擺放鬧鐘，鐘的頻率也是幫助我們的潛意識甦醒，持續不斷地處於當下的那一刻。

■ 超覺冥想：重返伊甸園

1. 請你輕輕閉上你的眼睛，敞開心扉，深呼吸感受你與骨血之軀聯繫，感受你身體的美妙、全身上下跟著你一起呼吸，這是你的聖殿，盡情享受。接下來，慢慢感受來自你自身發散的光芒，讓這個光芒充滿你全身，感謝身體容納你的光，讓你的全身包圍著光芒，讓光在你身體裡流動。

2. 這時光的場域上空中，出現一位天使的化身，手上拿著水晶製的權杖為你打開時空大門，而他的權杖上點燃靛藍色的光火，幫助你，釋放你全身上的限制，調頻到最原始的狀態，這道靛藍色的光芒流向你的全身，你開始感受到身心溫暖與開闊。

3. 你開始感受到意識超脫身體、進入到非常輕盈的狀態。這時，時空大門呈現像童話般的水晶網格、晶瑩剔透與光亮，你感受到水晶網格的

強烈光度進入到你的身體，幫助你追溯到很久以前你更高頻率光的振動，帶回你星際種子的記憶。

4. 這股記憶把你帶回到最純粹、初始的伊甸園神殿，這道光芒讓你感受安全、支持、愛和滋養，你的心純粹像孩童一般。

5. 在伊甸園中，你就是亞當夏娃的化身，在這個庭園中你無憂無慮自在地生活，你每天所要負責的事就是幫助自己製造快樂、唱歌、跳舞、與花草交談。伊甸園裡面，還充滿著蔬菜和果樹，盛開的植物和河流的鬱鬱蔥蔥和美麗動人的風景。聖殿花園當中有生命樹和分別善惡的樹，裡面有河從伊甸流出來，滋潤園子裡的一切，在這裡面你有源源不絕的豐盛資源。你看到園中各樣樹上的果實，你可以隨意食用。

6. 你可以隨意坐在草地上，感受伊甸園的所有一切，而亞當夏娃也在場幫助我們加深感受，在

這頻率場域，我們毫不懷疑亞當夏娃的存在，像是習慣了他們陪伴在我們身旁，我們與神都是平等的，並無世人高我的區分。我們了解到與上帝、女神相連的地方，我們並沒有被遺棄，開始連接神性，萬物中與上帝和女神與內在自然感受一起。

7. 如果你現在還在懷疑世人真的有辦法與神平等的話，請你繼續鍛鍊，地球的業力波動實在龐大。當業力的影響不斷地擴散，如果你的內心足夠平穩，你將不會再受這樣的業力波動波及。

■ 超意識鍛鍊：翻閱人生的連環漫畫

1. 請閉上你的雙眼，深深地吸一口氣，專注在你的內在。

2. 請開始運用你的超級想像力及連結力，你的內在視覺前面有一本精緻皮革的漫畫。你的人生

就如同一本漫畫，這本漫畫的內頁記載著你的
人生閱歷，也就是你的靈魂英雄之旅。

3. 請你翻開這本專屬於你自己的漫畫書。

4. 當你翻看的同時，也是幫助你回想你這一生的
喜怒哀樂，你靈魂經歷的一切歷程。翻閱你
自己的漫畫，你就是故事中的主角，拜訪不同
年齡層的自己，例如，你可以翻閱 0-10 歲、
10-20 歲、20-30 歲、30-40 歲。以此類推。這
裡面有記載著從你一出生到現在這一刻的一切
體驗，甚至你還可以翻得更久遠一點，到你未
來的篇幅，探訪你未來的選擇。

5. 過程中，也許有幾頁你可能看不到清楚的畫
面，請嘗試連續地翻閱，練習到漫畫可以連續
翻閱形成完整的故事時，也是幫助你探討自己
的人生到底發生了什麼。

維達會客室：可是人們總會因為擁有了能力，擔心能力會因自身或外在的因素，而導致流失，就如同擁有開啟大門的鑰匙，即使擁有了可以使用之後，又擔心會有很多因素影響，無法真正地發揮？

維達的回答：相信自己的力量勝於一切，在擁有鑰匙之後，需要一直嘗試，即使碰到了難題，一時之間很難相信自己真的有這樣的能力，但這份能力本來就是屬於你的財富，它是誰都無法掠奪和改變的。正因為現在的時代，智慧人人可以輕易獲得，而人們在獲得之後，大多數的人卻很難相信自己可以再度創造。只需持續地創造，便是隨時在超越自己的有限可能性，所以請相信自己！耶穌在以前被人們唾棄，現在顛覆了那時人們的無知謾罵，成為了現代人心中的信仰之一。有些人會說，之所以這一生會這樣度過，一定是被上天安排好的，但在這一刻，請相信你的人生是你可以計畫的，即使這一切都是安排，但它一定能改寫。

■ 超意識鍛鍊：解鎖人生魔方模組改寫

1. 請你閉上雙眼，想像有一個菱形的魔方漂浮在半空，請你花點時間觀察它。如果這時候，你發現出現的魔方並不是菱形，可能是三角形、圓形或圓柱形，請你發揮一點點的想像力，讓它變成是菱形的樣子呈現。

2. 接下來的步驟就是像小時候捏黏土或是製作陶藝，此時的魔方材質並不是堅不可摧，而是可以隨著你的想像力創造而改變它的形態。運用你的想像力，請嘗試塑造任何造型、大小、型態，變換你的魔方。試著翻動它。

3. 你這時可能會好奇，為什麼你的魔方不是從一開始出現就是菱形。而你一開始看到的魔方形狀就代表你靈魂的特質、也是你這一生的行事風格。例如圓形的魔方代表較沒有規則、正方形的魔方代表過於具有原則。魔方的顏色則代表著你的個性，例如鐵灰色代表堅持、白色代

表單純、紅色代表熱情大方、藍色代表自然優雅、紫色代表浪漫、黑色代表內斂沉著、粉色代表想像力豐富、黃色代表溫暖、綠色代表親和。

4. 人生如同魔方一樣，人的各式各樣的經歷就像魔方的顏色豐富多彩，顏色不規則地出現在魔方的各個面向。魔方的六個面向也是代表你人生的主要方向：感情、事業、家庭、健康、精神、未來。請你仔細地觀察魔方裡哪一面顏色最刺眼，所占的面積最多，這些刺眼所占的面積就代表你人生面向所受到的阻礙。持續讓自己鍛鍊觀察看看，你會發現你越看越清楚魔方的各個面向。

5. 魔方需要通關的唯一條件，就是將每一面不同顏色的魔塊調整到統一顏色：透明色，而我們所要做的練習也是需要將這些不同顏色的模組調整到一樣的顏色，而調整魔方的顏色也是幫

助你調整頻率的雜亂，協助你的頻率調整至一致。之所以魔方的顏色需統一透明色，是因為任何的個性、行事風格及人生面向，都無法以任何的顏色所定義。

6. 如果魔方的形狀和顏色無法在短時間內統一，請不用擔心，代表你可以調整的空間還有很多，並不代表你的速度很緩慢。請繼續解鎖鍛鍊你的耐心，慢慢改寫你的人生劇本吧！

03

宇宙中無限開採的資源

地球上的自然資源正在枯竭，但宇宙就像一個巨大水庫，充滿豐沛資源，等著我們去探索。地球的演化受到一系列自然環境的變化與人類發展的破壞所困擾，它們對人類繁榮、世界和平和地球本身構成巨大風險。然而，地球上最寶貴的資源不是石油、黃金、水或土地，而是我們人類擴展意志的能力。

　　《原子習慣》裡說：「你有能力改變你對自己的信念，你每時每刻都能做出選擇。」若人類改變原有規則，讓我們正視迫在眉睫的資源緊縮和環境災難，並減少我們對地球的破壞，便能進而引領整個世界獲得更大的財富和增進人類福祉，以此實現與地球永續生存的目標。

Akasha

星際效應——
宇宙的無限資源

從整體來看，人類的願景是創造富足的未來，我們擁有宇宙的資源，而不是在這個我們稱之為地球的小超市裡為食物而戰，人類最終是要從地球有限的資源中解放出來。我們既要以時間換取空間在宇宙裡兌現無限的能量，又要結合宇宙資源來擴張我們的能力，讓人類進入到太空模式。

地球與銀河系的資源相比，銀河系的資源幾乎是無限的。在銀河系有一千多個行星系統、擁有一千億到四千億的恆星、行星環繞在恆星周圍，它們無疑含有大

量有價值且非常稀缺的物質。據悉，中國太空計畫將資源開發視為國家優先事項，中國的航太事業直追美國太空，是經濟和安全主導地位戰略的一部分。與此同時，俄羅斯、日本、美國和法國也都展現自己對太空的野心。外星先進文明的代言人——維達，所主導的星球文明，繼續讓他帶領我們了解更多宇宙的奧祕，以及星球間的合作和運行是如何進行的。

維達會客室：請問維達，你們的星球有什麼特殊的特徵或是生態環境嗎？你們是以什麼樣的動力來維繫所在星球的運轉呢？地球上的人類如何開採更多與宇宙有關的資源運用到自身？如果真的開採到宇宙資源，我們要如何實際運用？人類又如何脫離互相競爭，改變只考慮到自身的慣性？

維達的回答：在我們的星球，有很多飛船及各式各樣的飛行器，星球上的生物不像地球會有重力的困擾，他們出行都以凌空的方式在活

動，不用運用到腳步行走，也可以乘坐飛艇、飛船、懸浮摩托車，任何事物都漂浮在半空，包括建築、交通工具、公共設施，任何你所能看到的一切都脫離了重力的法則，在我們的星球有一座核心發射塔，類似於地球的地心維持著星球的運作，接受識別任何生物意識信號。這座發射塔建立在星球上中立的地區，任何一方的勢力都不會因為自己的慾望去想盡辦法獨自占有和破壞它，進入這座發射塔無需任何的通關條件，也不會設置你們常用的視網膜、指紋、數字密碼，任何人在任何時間想要進去都可以，它是完全敞開的。在發射塔的內部建立著各個星球之間連線的會議組織，也是由各方的星球勢力一起建立，這些星球的代表樣貌各異，有粉紅色皮膚種族、獨眼巨人、多手種族、長毛族、盔甲象族等多個星球種族，如果要以你們人類的角度定義這個多種族文化聯手建立的組織，它就是外星的「聯合國」組織，但他們更加無私。

而我們與同伴交流的方式只需用眼睛觀察傳遞自己的想法，透過意念傳遞給對方，對方就能知道我的想法，我們也知道你們現在想要開採更多的資源，但只有透過意念這個方式，才能開始與我們交流。地球上的人類需要團結互助，在開採的同時你們不能放入太多的慾望、意圖和人格上的限制。而你們所看到的地球周遭一切的事物，總是會提出疑問，想要去追根究柢評估任何物品、人物、情緒、思想的來源是什麼，這反而讓你們陷入了無限的迷思循環當中。而地球如果想要加入我們的「星球聯合國」組織，在現階段是很難加入的，因為人類還是會有地位階級的設定，所以地球的聯合國組織還是會有主席、副主席、祕書長等各種的職稱出現在你們的公眾視野。在我們這裡每個人的地位一定是絕對平等的，大家的權力也都是相同的，組織中的資料也是完全公開和共用共有，不會擔心各自的隱私祕密會洩露出去。現階段的地球各個國家如果知道

敵對國家的機密，將會對敵對國家造成毀滅性的打擊，但這樣的現象在我們的組織是完全不可能發生的。你們這時候可能會想問那外星動物與外星人的地位是平等的嗎？我的回答：是，所有生命都一樣平等，沒有食物鏈頂端的生物學限制。

　　請你們認知到，其實我們就是你們，你們就是我們，地球與外星球都是一體、永不分離，地球的軌跡也是與我們一起運行。你們會覺得很難靠近我們，有很遙遠的距離，會有自己條件上的設限，其實人類某一方面的開放性有時需要向大自然的生命學習，動物在獲取食物、養育後代的過程中，都是在自然的演化狀態下去進行，但人類在進行這些生存活動時，反而會判斷食物的營養價值來源，養育後代是為了下一代繼承自己的能力、維護家族的權益、保持家庭的良好競爭力、保留一定的財力。你們的先代原始人，在當時的年代即使沒有厚重的衣服保護，沒有額外的偽裝，他們仍然能夠生存，他們擁有最原始開放

的智慧來幫助自己創造，如果他們有自己需要的東西，會以物易物，以平等交換的方式得到自己想要得到的，交換的原則不會提出額外的要求，交換的物品也是擁有方不缺乏的，交換的雙方都會得到滿意的結果。在現代社會，請試想人類是以什麼方式來進行交換？是在獲得利益，很需要幫助的時候，才願意去進行。雖然在我們的星球也會互相交換，但雙方所交換的不管是物品、理念還是想法，都是交換雙方在已經擁有非常富足的情況下選擇交換，如果星球聯合國上的某些人真的想要更多的幫助，他們就會產生一個針筒，裡面裝滿智慧、財富、情感、名望、人際關係，任何他想要的一切都被他注射在靈魂內，這就是心念的灌注。而地球的交換是極度缺乏才會進行交換，就像商場上，Ａ投入自己的金錢以換取Ｂ的人脈，而Ｂ投入人脈換取Ａ的金錢。當你們真的開始與我們連結，開採更多的資源時，下載開採之後不用擔心是否可以做得到？開採這些的

意義是什麼？對你的幫助是什麼？請拋掉這所有的念頭，這些多餘的念頭反而會阻擋你們與我們連結的穩定度，這些念頭也製造出了你們捍衛自己、偽裝自己的武器，被念頭製造出的武器具有十足的傷害性。

■超意識鍛鍊：脫離地球的重力

1. 請閉上你的雙眼，深呼吸三次，把專注力回到自身上面。

2. 觀想你是一位旅行者，你有很沉重的背包（背包的造型因自己的喜好各人有所不同），背包裡放著你旅行要使用的物資，背包裡有食品罐頭、乾糧、帳篷、水壺、地圖、手機、平板電腦、隨身筆記本、耳機、充電器、錢包，還有任何你想要加入的一切物資（花一點想像力在這上面「創造」更多跟你相關的物件），這些物資代表人類的生存法則。

3. 你背著背包在旅途中，一直在找尋目的地在哪裡，但是你因背包的物資太過沉重而被迫放慢步伐，所以你一直找不到目的地，這時你開始感受到你背上的背包有點重，讓你開始不由自主地，腳步隨之越來越慢。

4. 為了加快你的速度讓目標達成，這時你開始

——卸下背包裡面的物件，你會有你的優先順
序，代表你在這一刻想拋掉的。

5. 當你願意拋掉背包裡的物資：地圖代表人生目
的，帳篷代表本質，食品罐頭代表求生慾望，
水壺代表動力，也代表你開始放下人生中各方
面的負擔。

6. 你開始會發現你的步伐越來越輕盈，輕鬆往你
人生的目標前進，阻力也越來越少，你離你的
目標也越來越靠近了。

■超意識鍛鍊：時空跳躍

1. 請閉上你的雙眼，深呼吸三次，把專注力回到
自身上面。

2. 觀想你的前方有一個一個圓形球體。球形的大
小依照你自己的設定而設置。

3. 想像你正在跳躍一個個圓形球體，跳完一個又
一個，你甚至還可以看到被你跳躍過的球體，

它會滾動離開你的視線，但是你的前方又會出現源源不絕的圓球球體。你就是要不斷地持續鍛鍊跳躍它、直到你可以很輕鬆駕馭你的超意識。

4. 圓形球體代表地球的重重限制性，它制約住你的想法與思維，穿越一個個球體，也正在幫助你的思緒跳躍、打破現有的限制。

■**超意識鍛鍊：火箭上升**

1. 請閉上你的雙眼，深呼吸三次，把專注力回到自身上面。

2. 觀想你的靈魂如同火箭，它正直線飛往上空，即將突破一層一層的限制，它穿越上方雲層，衝出大氣層，飛向太空。深深感受火箭衝出，火藥噴出的氣體所產生的反作用力，把自己推向無極限的空中。花點時間感受自己終於掙脫地球的吸引力，無重力狀態。因為地球的吸引

力就像一條隱形繩子，緊緊地綁住地球上每一個物體。

3. 在你的觀想裡面，如果這枚火箭在升空時碰到突發狀況，可能遇到燃料不足無法產生更多馬力，導致你的火箭衝不上去，或是內外部零件老舊、接收不到衛星訊號、食物儲備不夠，各類的突發狀況，也是這些原因阻礙了你的觀想更順暢。請你先上升到任何你能聯想到的國家、各大洲、月球、地球、太陽、昴宿星團、銀河系、外星系、宇宙乃至更遠到達了黑洞，最後你終將又回到了地球，你會發現此刻的狀態，比飛往上空前更加輕鬆。

4. 當你能輕鬆駕馭你的意識，進到不同星系，代表你的意識漸漸脫離地球引力的束縛，飛到太陽系以外去。

Akasha

遠古智慧——尋找早期文明存在地球的一切證據

　　古人總是強調人類應該接受和保護大自然，而不是與自然抗爭。地球曾經到處都是美麗的地方，大自然知道如何照顧自己，它充滿了可以孕育新生命的事物，滋養並綻放成圓滿。他們會愛惜土壤、安然地喝水、迎著風跳舞、向著太陽崇拜、把自己跟大自然融成一體，一切都是那麼的自然。當生命到了結束的時候，會將遺體埋到土壤裡，有微風的陪伴、太陽的見證、水源的滋潤。大地為他們造了墳墓和搖籃，使他們慷慨而快樂地為他人奉獻自己。這使自然保持平衡，而在這種平衡之外，就有了和諧，地球

確實是有福的。

銀河系有可能包含數億顆適合居住的行星，但我們因為時間距離的遙遠而無法接觸外星的世界。在地球上擁有870萬種生物，而我們認為人類是唯一擁有先進技術的物種。人類支配掌握著整個世界，我們想要所有的金錢權力。這種權力鬥爭與分裂並不是古人的本意，但是，對於這種權力攫取來說，操縱被認為是可以接受的，於是人類學會了狡猾，我們試圖調整自然法則以適應我們自己。最後自然資源開始缺乏、被破壞、開發過度，世界開始變得傾斜，而我們也正處於一個戲劇性的時刻；各行各業都在發生變化。隨著我們周圍湧現出新的科學知識和創新領域，我們可能會失去個人智慧、平衡感、正義感，以及集體道德價值觀。當我們尋求指導時，世界上豐富的遠古智慧會轉向我們；宗教的和非宗教都一樣，用它們數千年發展廣泛的實際應用、以實現人類福祉的歷史召喚我們。唯一的出路是接受許多路徑和許多差異的古老智慧，所有這些都通向一個神聖的源頭。

維達會客室：請問維達，我們要如何突破自身的限制性信念，我們總是會因為自己的需求而富有期待，按照自己的指定去行動，怎麼樣可以找到更多的方法幫助我們打破這樣的慣性？

　　維達的回答：人類需要進入不同的維度空間增加自己的意識成長，不必刻意尋找進入維度空間的方法，宇宙中存在很多的空間值得我們去探索。宇宙中存在類似植物王國、礦物王國多種種類的星球，這些星球的生物之間和平共處，這裡的植物、礦物沒有特殊定義的名稱與種類，它們的存在象徵著這個星球的生命力，這些植物、礦物即代表植物、礦物王國星球，宇宙對於這些星球的定義是一個個體也是整體。如果你們非要追求這些星球存在的意義在哪裡，它們如何維持星球的運轉，生物間如何互相連線交流，那就在於它們又是怎麼保持星球的生態環境。如果你在某一刻得到一個突然的感覺，這樣的感覺可能在你做夢或是意識飄離的情況下，看到不同能量的生

命體或是神奇虛幻的場景突然出現在你的面前，請你只要用心感受，如果你只是看著這些生命體或是場景，會馬上打斷你感受的連貫性，因為這時候你只是用地球人的意識去理解而已。但宇宙之大，沒有任何界限的限制，所謂的限制只是你們的皮質層大腦而創造出來的。你們可能會問，進入這些生命體和空間對你有什麼幫助？進入的作用很重要，但請你好好享受當時進入的時刻，就像你們會在壓力大的時候去選擇得以緩解的放鬆途徑，比如：去奢華寬廣的百貨公司，購買你心儀已久的衣服或是球鞋；或是去戶外大自然沉浸在鳥語花香、觀看高聳的山峰美景、聆聽森林間傳遞出的蟲鳴鳥叫和清澈的河流聲；或是在悠閒的午後，在充滿陽光的點心店享用一份具有濃郁茶香的茶飲和蛋糕；或者只是在自家住宅安靜地觀看書籍、獲得寧靜的片刻。當你們進行這些動作時，你們會一直不斷詢問這樣做的意義在哪裡嗎？會詢問這樣對你有什麼幫助？衣服的產

地、茶葉的產地、點心是怎麼製作的、書籍作者以什麼樣的思路撰寫書籍？你們一定都只想要享受，所以請你們進入宇宙多維空間的時候，也只是享受就好，就像喝一杯怡然自得的下午茶，不必執著進入的目的是什麼？為何會進入？其實你們可以隨意進入，就像使用易開罐一般，可以毫不費力地隨時打開，只要你們想前往，你們的意識會帶領你們。

讓我再舉個例子吧！剛剛提到宇宙的礦物王國星球，這個星球是由一個一個石頭以不規則的方式堆疊起來，這些石頭與山脈連結，這些礦石正在傳遞光的特殊頻率——每個石頭發出不同的音調，它們會幫助人類提升塑造建立強大的思想形態。礦物王國會有一些形態上的改造，這與地球在未來百年的週期裡，尤其是當地球向更高密度頻率攀升的時候密切相關。礦物王國的意識很願意幫助地球上的意識去創造獨特的能量場，

它們設定由礦物王國產生的彩虹般的音調，幫助你們創造出進行大型活動所需的能量。礦石與礦石王國星球一起提升，它們中有許多基因資料，已經超越了地球上的所有意識層級，所以與礦石結合非常有用。作為一個提升的關鍵，你也能把宇宙的礦石帶進你所在的能量場。當礦物王國和你的靈魂、高我存有及源頭之間互相產生意圖上的連結，這些礦石不會排斥你，而你事實上也正在為自己的意識揚升加快步調。礦物王國星球的核心礦石全部按自己的意願提升振動，因此那裡有豐富的能量氣息。如果你們想說明自己或其他人，也可以運用地球上的有形礦石，而你們所需要做的是把一切宇宙的礦物王國星球的意識灌注進去，你們可以先把礦石放進水裡，在太陽光下曬一小時或更多。這可以讓宇宙源頭的光芒與礦石連接，並向它們傳輸資訊，開始它們的提升。之後，你們可以把每一塊礦石握在手中一段時間（每塊10-15分鐘），這能說明礦石以特定的方

式指引能量的重新編寫，由宇宙的意識指引我們的能量行程。隨後，你們可以把礦石與宇宙的任何生物連結，宇宙中有無數個品種的礦物，因此隨著你們的意願，把你們所收集的每一塊礦石，與宇宙相關的礦石所凝結而成的更大意識連結起來。這樣將足夠充分地讓礦石與它自己的宇宙意識連結。而這樣的目的，是讓你們幫助自己提升意識，可以藉由一個物體去練習，當然你們可以隨時隨地地練習。

目前全球暖化和海平面上升問題已經非常嚴峻，這與你們的整體心情有很大的關聯，讓我們稍微聊聊這個話題。地球之所以開始暖化，自然環境溫度上升，從生態環境學說角度來講來自於人類的廢棄、工業污染、煤氣的使用，導致臭氧層被破壞。但地球其實也能夠感受人類整體情緒上的波動變化，暖化來自於你們在現在這個時代容易產生恐慌的心情，對什麼事情都呈現迷惑的心態，而地球正因恐慌開始憤怒，也因不同戰爭

留下來的時空碎片、痕跡。許多第三世界的人民因為饑荒、寒冷、貧窮，這些原因將這些人民唯一支撐的生存信念打落到谷底，就好像沒有穿著保暖的衣物進去冰窖探險，得到的只能是歎息和絕望。他們需要勇敢地重新站起來，攥緊雙手加上強大意志力。而海平面上升來自於資源濫用、廢物丟棄、環境污染、土地過度開發，導致海洋的養分越來越稀少，沒有更多的空間去消化現代快速社會延伸出來的消耗品。土地與海洋是一體的，它們都是地球的一部分，就如同生物的四肢五官缺一不可。當土地過度開發，讓土地地表越加脆弱，土質營養成分越加減少，土壤堅硬程度不牢固，土壤礦物成分越來越單一。當土地一直承受土地開發所使用的敲擊，土地越來越難以承受，類似於牙齒一直被鐵鎚不斷地敲打，就會嚴重崩塌破損。所以應當參考自然的環境，海底同種魚類都居住在同一個珊瑚礁，蜂群也寄居於同一個蜂巢，老鷹、兔子、水獺孕育後代時也都

在同一個巢穴。蜂巢是由一個個排列整齊的六角形小蜂房組成，每個小蜂房由三個菱膜組成，這種結構被計算出來是最節省材料的結構，且容量大、堅固，令生物專家都為蜜蜂能建造這樣結構的蜂巢，讚歎不已。如果人類房屋使用建造蜂巢的結構材料，不僅容量大、強度堅固、重量輕、不易傳染聲音與溫度，更是建築、航太飛機、宇宙飛船的理想材料。蜜蜂的腹眼可利用太陽光準確地定位，科學家研判這個功能可以用於導航之中。 而人類也具有群體動物群居的特性，不應過分獨立分開，而增加土地的使用率，應該多向大自然學習創造共用空間，一物多用。

在我們的星球，我們種族的人民都居住在一個共同的空間裡，睡眠時都使用方艙，方艙裡有舒適的睡眠環境，也會有各自的隔間保護自己的隱私。這樣更能夠節省資源，讓星球不用過度負荷，維持自然正常的運轉。地球目前許多國家節省空間開發出膠囊旅館，但使用率不夠普及，居

住空間還略微擁擠，配備的生活設備還不齊全，離我們星球的睡眠舒適度還有一些距離。

　　如果你們覺得以上的例子還不夠貼切，讓我舉一些在你們生活中隨處可見的例子。想必大家都知道蜜蜂這個生物，蜜蜂一向被視為大自然的奇蹟，牠們有著合群、勤勞、忠誠、迅捷敏銳、勇敢老練、貞潔純真的優秀品性，蜜蜂神祕的世界跟人類保持一種奇妙的關係，蜂群與蜂巢形成與人類類似有計畫、有秩序的小型宇宙的管理體制。蜜蜂與亞里士多德、莎士比亞、托爾斯泰、拿破崙、福爾摩斯等著名人士有著重重的關聯，蜜蜂與人類息息相關，如果蜜蜂這個物種滅絕將會對人類產生重大的影響。人類的農務生產對於整個地球生態平衡占有舉足輕重的地位。因為人類的食物三分之一都來自於開花植物，80%的植物需要蜜蜂協助授粉，如果蜜蜂滅絕了，哪個物種可以像蜜蜂一樣幫助這麼多的植物授粉？

　　從蜜蜂的例子，你們可以得知地球有許多

機制——循環機制、競爭機制、淘汰機制，地球
上的生物之間一定會有競爭跟淘汰，而蜜蜂在未
來也會面臨淘汰，許多國家的蜜蜂數量正在日益
衰減，所以現在很多需要蜂蜜的食物，都採用
人工合成，由蜜蜂產出的天然蜂蜜營養成分越來
越稀有，販售價格也越來越高。你們一定會想，
地球上很多物種都正瀕臨滅絕，即使蜜蜂滅絕
了，還是可以以人工的方式實現，但希望你們知
道的是，人類會有長期依賴的慣性，依賴同一種
物種、依賴相同的模式，認為這些依賴只有持續
才能符合自己的需求。地球上的物種瀕臨滅絕，
也正是地球意識透過這樣強烈的方式，提醒你們
該脫離長期依賴，蜜蜂的例子只是地球意識提醒
的一個影射，日後將會出現更多這樣的現象在你
們面前，不得不面對和突破。而地球的淘汰法
則，比如以前地球在幾億年前出現的恐龍、猛獁
象等多個物種，都是因地球的機制而產生的獨特
現象，這樣的現象在宇宙其他星球是不存在的，

唯有地球呈現這一個特別的案例。人類認為自己高於地球上所有的生物，站在生物鏈的最頂端，動物的地位都在人類的下方，就如同一位帝王，當他在集權鞏固權力的同時，如何去完全顧及子民的感受？現在大多數人類的飲食習慣也正在改變，不單單只追求一種食物的營養來源，講求飲食均衡，所以根莖類食物更廣泛的出現和烹煮，這與蜜蜂的數量減少有關。

再讓我們來講述海底世界，讓你們更清楚在周圍的生態與你們有什麼更深的連結。海底的珊瑚礁正出現大量消失的趨勢，珊瑚礁由石灰岩構成，還被發現是許多海洋魚類的生長地，一個珊瑚礁的生態鏈可以供應1,500種魚類的生長，而台灣珊瑚礁觀察到有600到800個魚種，生物多樣非常豐富。中研院也公布台灣出現史上最大的珊瑚白化事件，幾乎有三到四成的珊瑚因此死亡。珊瑚褪色和相關死亡率不僅對珊瑚群落產生負面影響，而且還會影響依賴珊瑚礁魚類群落、

及依靠魚類生活的相關人類部落的生態環境，降低海洋生物的成長速度和繁殖能力，增強疾病的易感染性和死亡率。珊瑚是動物而不是植物，每一株珊瑚身上的珊瑚蟲都是超級連體嬰，每年春天時珊瑚會在海中集體釋出精卵，授精成功會製造出第一隻珊瑚蟲附著在海底，不斷分裂身體，一隻變兩隻、兩隻變四隻，每隻都有自己的器官，不過因為蟲體是連結在一起的，若有疾病就會很快蔓延。珊瑚也是海底的「熱帶雨林」、生物的「避風港」，別以為珊瑚只會躺在海底不動，它們可是許多海底生物重要的避風港，像魚、蝦、貝、蟹以藻類為食物的動物，多是利用與珊瑚相似的顏色躲過天敵追緝。海底生物需要珊瑚作為避風港，正如人類需要建造房屋遮風避雨，如果你持有的房屋土地一直受到陌生人的侵入，總有一天會殘破不堪。

　　珊瑚的意識與人類共通，正是因人類的意識產生擠壓，導致珊瑚產生的營養，很多海底生物

已經很難接受，人類的意識創造出了珊瑚有種種不正常的反應發生，人類的意識想法與大自然的生態迴圈密不可分，人類對大自然的需求已經遠遠超出大自然所能承受的範圍。人類的行為也正影響著生態鏈的發展，因現代人講求單一快速，生物的滅絕與人類意識有關，因電器技術的廣泛應用，只需使用一個按鍵，導致人類意識單一化。試想一下，以前美工設計師在繪圖時，需先在腦中構思、思考，才能完成一項設計，現在只需一個電腦軟體或用相片置入就能迅速完成設計創意。回到重點，當地球其他生物的意識跟不上人類意識的速度，它們就會一一被淘汰，人類意識不再僅限於原始人的生存，只需打獵就能度過一生，已經進化到為了人生各個主題不斷努力。可以反觀世界上留存已經很久的生物，不管用什麼手段都很難完全消滅，比如像蟑螂，可以早到三億兩千萬年以前一直存活到現在，是現存最古老的昆蟲之一，牠們知道人類的習性，會避開

對自己不利的危險，只要一開燈或打開抽屜，就會馬上躲起來，不讓你發現。牠們的思路清晰敏捷，反應迅速，隨時觀察人類的動作，習慣人類的習慣，所以可以從中發現，有些生物不熟悉人類，就會被淘汰，人類意識過於強大，正在影響著地球上的一草一木。

有些人會想，那麼大的生態議題與平凡的自己有什麼密切關聯？如果不去關心這些，生活照樣過，地球依然公轉自轉，這是你們的自由選擇，我只是稍微提醒而已。如果你們認為這是危言聳聽的謬論，就請當作是笑話，哈哈大笑吧！

Akasha

無限可能性及無限創造力

無限可能性

　　人類在廣大的宇宙中是微小的沙粒，然而人的創造力卻是無限廣闊沒有邊界的，意謂著即使在創造中只有一種物體排列，但我們可以通過無數種方式改變它們。我們可以定義為我們用不同方式重新創造萬物。我們可以說只有一種創造方式，一種固定物體的排列組合，但有無數種方式來查看這種排列。在許多方面，我們可以認定無限的創造是指任何東西，無論我們選擇如何看待它，我們都是在這個無限創造的範圍之內或背後看到這種意識。在《祕

密》這本書中提到：「你現在所想的，就是在創造你的未來。你用思想創造你的生命。因為你一直在思考，你便一直在創造。」然而，作為造物的規則和意識的這方面，整個宇宙都指在我們的心裡和我們生存的必要，並且宇宙具有包涵概括的性質。我們是否將自己視為創造者並不重要，因為整體在我們每個人的內在。我們每個人都踏上了內心的旅程，深入到我們內心的最深處，並可改變我們所經歷的創造。因此，創造存在無限的可能性，讓自己能體驗到更多面向、看到更多觀點。

作為人類，可以驗證物理創造的經驗是多麼神奇美妙的事。我們在自我的身體中生活只是無數種可能性中的一種，沒有一種比另一種更好或更壞。這只是我們可以獲得的無限經驗中的一種體驗。如果我們對現狀感到滿意，知道我們可以隨時改變現狀，我們將不再受物質世界的束縛。我們可以創造天堂或地獄，如果我們不能對物質世界中的事物感到滿意，我們將不會對任何現實中的事物感到滿意。

相信我們可以在別處找到幸福是一種幻想。如果我們

在這裡找不到它，我們將無法在其他任何地方找到它。

　　創造力可以是無限大，我們選擇採取的任何形式都會成為一個容器，完全能夠表達我們存在和創造的無限性。換句話說，每個被創造的形式都是一個盒子裡的無限：一個看似有限的容器卻蘊含無限，它和它的環境就是無限本身。就像我們的身體是我們獨特意識的殿堂住所，直接反映了我們的意識。我們的身體和周圍的環境代表了無限創造的表達。所有的創造，無限的可能性以我們的身體及其環境的形式呈現在我們面前。當然，我們可能已經忘記了我們擁有何種體驗的原因以及我們是如何創造我們的現實生活。當我們改變我們對自己的看法時，我們的環境也會相應地改變，也會改變我們所經歷的現實。最終，我們甚至會在物理創造中成長。

無限創造力

　　從本質上講，人類意識創造了一種幻覺分離，以至

於它存在的每個方面都成為一個獨立的意識，能夠喚醒整體。這個未分化意識的每一方面現在都可以成為任何其他方面的靈魂個體。而每一個面向都是無限廣大的，都是沒有分別的意識。意識的每個點或這種意識的各個方面，無論多大或多小，都是一個實體，它是一個擁有無限創造力的無限創造性存在。每個人都有自己的睡眠和清醒的自然週期。每一個都相互關聯並相互重疊。如果我們完全覺醒到我們的真實本性，並且能夠看到真實的自己，就會看到我們是原始的宇宙意識。

因此，我們有無限的創造力，完全有能力進入一種包含所有創造的意識。

在宇宙意識，由於能量和意識的等價性，我們可以將自己視為一個無限的創造性存在。或者我們可以簡單地把自己看作是一個擁有無限創造性思維和意識的存在，具有無限創造性的想像力，可以想出一種方法來實現它想要的任何東西。我們無限廣闊，擁有無限多的面向，因此看起來是多維或無限的。

我們可以無限創造並擁有自由意志

我們之所以顯得有限，是因為我們為了體驗物理創造而有意限制了我們的創造力。作為人類，我們似乎能夠創造的東西如此有限。我們只受限於一個事實，只要我們在身體裡，無論我們創造什麼，都必須是來自人體的體驗。然而，實際上，如果我們達到適當的創造水準，就沒有什麼是我們無法創造的。

喚醒身體內的流動能量，要先從身體內部向外看，這股能量永遠不會消失。我們可以擁有無數種獨特的體驗。死亡只是擺脫了我們的肉體，而身體就是作為人類體驗的載體。我們的問題是，由於身體體驗的強度及其在我們記憶中的印記方式，我們變得依附於身體，並認為我們就是需要身體。它只是根據覺醒的流動能量重新定義自己，而這些體驗強度主宰了我們的記憶。我們有時會記得，有時會忘記，想起時去翻閱阿卡西紀錄有關於人生經歷或其它的人、事、物。也許你會認為這只是我們的想像，而不去

感受前世的喜、怒、哀、樂，然而我們真實感受到的是我們今生的思想。

　　這裡要提到的一點是，我們創造的任何體驗都是有意義的。然而，我們所經歷的是我們存在的某個層面上所相信的，來自於我們有一個會思考和適應文化的大腦。大多數人藉他們受過文化知識的薰陶與生活的經歷來感知現實。當我們在深度冥想或其他沉思練習中進入我們的超然思維時，與我們適應文化的大腦相比，它是如此深刻和寬廣，我們甚至認為我們進入了上層的模式。然而，我們所做的一切都是基於我們對創造的體驗，進入我們自己無限存在的深處。

　　最終，我們希望展現的創造力越廣闊，我們生活的轉變就越大。掙脫我們自己製造的牢籠，獲得我們無限的創造力，以及我們與生俱來的能力，連同我們所擁有的無限可能，這是我們最重要的改變。

創造不可能：新的事業版圖

　　艾瑪是一位單親媽媽，有兩個孩子，第一次來找我們解讀阿卡西紀錄時，說自己花10年時間上了許多心靈課程，但還是一直無法從失敗的婚姻狀況走出來，經濟狀況也很不好，壓力幾乎快要讓她致命。

　　艾瑪的前夫是一位脾氣暴躁的人，婚後的她因為馬上有小孩就停止工作，以照顧家庭及小孩為主做個家庭主婦，所以先生變成了維持家庭生計的唯一支柱。但是先生因為工作壓力大，回到家就是對家人咆哮，拿家人出氣，總是驚嚇到兩位幼小的孩子，自己除了努力撫平先生怒氣、安撫小孩，什麼都不能做。這種生活維持七年左右，最後真的受不了提出離婚。離婚後，由於與職場脫離了很長時間，也害怕走出舒適圈，所以與孩

子還是住在前夫的家，每個月還要與前夫爭吵後才能拿到贍養費。

當初艾瑪經人介紹來找我們時，她不確定能從我們這得到什麼幫助，只覺得自己的人生痛苦萬分，看不到未來，一直掙扎自己是否要搬出去還是待在原地，害怕自己所做出的決定是錯誤的。在翻閱阿卡西紀錄的過程裡，我們發現艾瑪的內心對先生有極大的恨意，導致自己無法看到真相而困住了自己的思想。經過我們一兩次深層解讀療癒，及帶著艾瑪看到未來成功版本的她，幫助她開創她沒有看到自己的那一面特質，及開啟未來成功之門。艾瑪其實是一個很聰明的女性，她只需要被提點，馬上開始有新的工作主動找上門。更讓她不可思議的是，她在一個朋友場合遇到一個單親爸爸，雙方互相吸引，不久之後，他們嘗試交往，雙方都對投資理財有興趣，他們開始一起經營事業並目標一致，現在他們的事業越

做越大。

當你願意相信自己的未來是無限及可被創造時，你就踏出那一扇門，艾瑪不僅成功改造她的命運，更讓她擺脫金錢、被前夫牽制的痛苦，更能找到自己理想的伴侶。

·真實案例 THE CASE·

開創未來新機會、創造無限可能

Eddie 從事金融業，任職海外部副總，前來詢問轉職機會。他待在目前的公司已經服務快20年，但是公司的大股東給的壓力越來越大，快要超出自己的能力負荷，而且也看不到更好的前景。但是若要立即跳槽到同性質的公司，自己也還沒看到好的機會，所以前來詢問自己是否應該繼續待在原公司，還是等待新的機會來臨。

翻閱Eddie的阿卡西紀錄，我們看到他的靈魂

走在一個高空繩索上面，每一步都走得戰戰兢兢，表示他是深思熟慮及謹慎之人，難怪他有如此好的成就與表現。但是從他的能量場狀態看到，他並沒有新的或適合的機緣靠近他的周圍，原因是他自己本身所扛的壓力形成一個龐大的能量場，把他的光彩蓋住，導致新機會進不來。

我們進行一場療癒去清理 Eddie 之前所留存下來的情緒，幫助 Eddie 開創一道未來之門，在這道門後面，有新的機會、新公司，及看重 Eddie 特質的代表人物會出現在他生命裡，我們帶著 Eddie 開創宇宙未知的新發現，進到未來時空裡面創造與吸引。他在當下已經進入到未來時空，看到並且感受人潮來臨，看到自己的新契機出現，不用被困在現況，他突然放開一切不再糾結。

半年之後，他給我們一個訊息，海外一間金融公司挖角他，雖然這間公司要辛勤開墾，但是他

們也給足了Eddie更舒適便利的環境和自由的發展，自己也終於不再每天扛著龐大的壓力及面對股東的壓迫，所以他接受新的公司開出的條件，離開原本的位置，他現在過得比之前更輕鬆自在。

04

如何進入
阿卡西紀錄

Akasha

連結光之源頭

人的眼睛是一個精密且靈敏的光學系統，當我們看一片葉子時，我們知道它是綠色的，因為光線從葉子反射到我們的視網膜，告訴我們它是綠色的，而視網膜就是眼睛的光受器。但什麼是光？宇宙中充滿了發光的物體，這些光源來自宇宙到達地球。

自然界中下列事物具有發光的能力：

1. **太陽是地球的主要光源。** 太陽是一個巨大的火球，在其中心核聚變產生巨大的能量，這種能量以熱和光的形式釋放出來。來自太陽的光是

地球上生命可持續發展的主要因素之一。

2. **月亮也提供光源，但它自己不能發光**，月光是反射太陽光照射到地球。

3. **其他每顆恆星也都會發光**，但由於距離太遠，只有少量或根本沒有光源照射到地球。

4. **一些生物發光體也具有產生光的能力**，它是生物體內某些化學反應的結果，例如：螢火蟲、水母、某些深海植物和微生物都可以作為例子。

5. **其它自然現象**，如閃電和火山爆發也會發光。

當你連接到宇宙無限光源頭時，你就是進入了無限光的場域。首先，我們要了解「與光連結」的原因是什麼，希望大家能夠清楚知道，任何指導靈、高我、存有、揚升大師都是光的化身與代言人，他們不顧一切要協助我們，並告訴我們想要追求的答案，只是我們會因自身的現實壓力及他人不斷的情緒干擾，而讓我們產生自我懷疑、煩惱及苦悶。

維達會客室：請問維達，既然光的存在是想要幫助我們，我們可以透過什麼樣的方法與它們對話呢？它們是否可以幫助我們實現並解決遺留的問題？

　　維達的回答：光可幻化成任何形象，沒有任何的形式限制，不論你們的年紀是年輕的或年長的，它們都會化身為你最信任能夠敞開內心的人，光會按照你最信任形象的化身來解讀你，只要你的意識願意甦醒，光照射進入你的意識和身體，你的身體就如同大地一樣，如同春風吹拂而過，迎來萬物復甦。你們不僅需要在光源中吸收養分，也要學會在黑暗中看清自己的恐懼，靈魂始終會有「靈魂暗夜」的時刻，那代表你最不想面對和處理的恐懼，來自於家人的離世、世界經濟的泡沫化、社會出現暴動抗議、身體發出健康警訊、個人財務危機、對未來的迷茫、工作事業上的不如意、創業發展不如預期進行。光不是讓你們逃避現實生活的，而是懂得在「靈魂暗夜」

來臨時不被淹沒，臨危不亂、有條不紊地處理問題。光如同預防針，讓你們保護自己，但如果不知道連結光的用意在哪裡，只是虛無縹緲地感受，你們還是會對光存疑。這樣即使連結到光，它也是徒有外殼而已。

而聖母瑪利亞——耶穌基督的母親，即代表聖光，義大利文藝復興時期著名畫家拉斐爾的畫作《聖母子》，聖母抱著聖子耶穌，在作品中表達了母親對於兒子的溫柔、慈悲和無盡的愛。義大利文藝復興時期傑出的通才、雕塑家米開朗基羅的一件大理石雕塑作品《聖殤》，表達了聖母瑪利亞懷抱著被釘死的基督時悲傷的情景。且看聖母瑪利亞的愛如何安撫世人，從聖母瑪利亞的故事你們會感受到你們都是「神的孩子」，人與生俱來就需要光，如果沒有了光的照耀，地球上的一切生命將不會孕育成長，任何有機體都需要光的養分而不會始終處於灰暗的荒野之中。

《新約聖經·路加福音》（Luke）記載耶穌降生的故事：

　　上帝派天使長加百列去加利利的小鎮納撒勒尋找童貞女瑪利亞，當時她已與約瑟夫訂婚。天使化身為普通人並預言瑪利亞將懷孕生子，要給他取名為耶穌。瑪利亞驚慌失措，加百列安撫她說：「聖靈將降臨於你，至高無上者的大能將庇佑於你，因此你要生的聖者，是神的兒子。」最終她謙卑順從地說：「我是神的使女。你說的一切就讓它發生在我身上好了。」一個少女，在傳統保守的年代，突然未婚懷孕成為救世主的母親，普通的女孩會做出什麼反應？《路加福音》書中並沒有細節描述少女瑪利亞的反應，但是，在擁有民風保守和思想傳統的地方，未婚先孕不受人民接受。在中東的宗教文化影響下，家庭和社會對一個未婚先孕的女孩是非常嚴厲的，她們會被處以石刑，就是在大庭廣眾下被石頭活活砸死。

　　《路加福音》書中提及瑪利亞的未婚夫約瑟夫是個正直的人，他不願意讓其它人知道此事去凌辱她，於是自己定下主意悄悄地結束這門親事。天使長加百列在夢中告訴

他不要害怕娶瑪利亞回家為妻，因為她懷的是聖靈的骨肉，他將會把子民們從罪孽中拯救出來，約瑟夫夢醒後按照天使的話娶了瑪利亞為妻。在瑪利亞生產之前，約瑟夫帶著瑪利亞回到伯利恆去辦理人口普查登記手續，以符合羅馬帝國的政策。在12月24日，約瑟夫和瑪利亞投宿到一間旅舍，但是客房全部客滿，他們只好在簡陋的馬廄裡過夜，當夜瑪利亞生下耶穌。於是12月25日聖誕節成為全世界的天主教徒和基督徒紀念耶穌基督降生的日子，無庸置疑的耶穌基督與聖母瑪利亞是貫穿西方宗教文化兩千年來的男女主人翁。《約翰福音》中講述了一段「水變為酒」的故事，在一場猶太人的婚禮中，酒水短缺是很尷尬的事，瑪利亞要求兒子去幫助新人，耶穌展示了他的第一次奇蹟，將水化為美酒，解決了新人的難題。在《聖經》故事裡，瑪利亞是勇敢、堅韌、仁愛、智慧、隱忍、順從的象徵，集美德於一身的聖母，她受人景仰，是完美女性的代表，她從開始就是耶穌「創造創舉」不可或缺的人物。

東方的母性代表女媧娘娘，因大愛感召，光界的光靈使者紛紛來到地球，協助人類走上覺醒之路，是中國神話

中的母神，她因創造人類和修復天柱而受到讚譽。在中國神話中，女媧被認為是第一個具有生育能力的人，是全人類的創造者。中國自古以父系社會為主，而女媧是母系社會的基本特徵，她是眾生之母，被視為非常重要的神靈，她最被廣為傳頌的創世神話有：泥土造人、補天救世、關愛眾生、自我犧牲。今天，女媧仍然是一個受歡迎的神靈，通常是在婚姻事務或生育問題上需要神聖幫助的女性所祈求的。

維達會客室：想再請問，如果聖母瑪利亞代表聖光，為何人類會一直經歷很多的累世經驗，又一直深陷輪迴的苦痛無法真正脫離出來？

維達的回答：佛教所說的六道輪迴：眾生由於過去所發生的事，所謂的善業、惡業，產生了六道不同的生存狀態。因為人類總想追求最完美的結果，一直逃避壞的結果，人就會刻意地遺忘對他們造成傷害的意向。你們必須從這些過程學會去正視你們的黑暗面。如果你們因為現實碰到

的問題，去影響你們自己的最初選擇，習慣把這些問題怪罪在其他人身上。如果是這樣，想請問有辦法反過來讓其他人連結光嗎？貌似很難！只有你自己連結光，解決方法的速度才是最快的，連結光不用強求透過哪種方式，不論是看到、聽到、觸摸到，事情的結果也不用直接看到，結果仍然是會改變並有可能被解決。

有些人與光連結時會害怕，因為光會照耀他的一切，光會把他正面和負面的所有情緒，照亮得無所遁形。就像一隻老鼠躲在沒有光線的角落，這隻老鼠待的陰暗角落被照亮了，牠所啃食的食物殘渣被發現了，牠沒有地方可以再逃跑隱藏了。請打破一個迷思，連結光每個人都能做到，不是你們沒有這樣的能力，而是你們害怕靠近，連結光第一步要先看到你的恐懼，害怕被照亮的恐懼，害怕事情被看到了就沒辦法解決，是不是因為看到危險因素被觸發了，就覺得這個危險隨時要靠近你，所以

會一直躲藏起來。恐懼可能來自於一件事情被傷害了，還是其實你傷害別人了？還是會產生攻擊性、報復性的行為導向？還是會兩敗俱傷，雙方都被傷害？當你知道，你在一件事情當中作出很反常的行為反應，就透露出這個就是你的恐懼。在疼痛中，一直依賴服用藥物，這也是一種恐懼，為何不是吃日常的食物，而是依賴服用藥物，食物是營養的來源，但藥物不是，因為沒有找到疼痛的原因，想要快速解決，即使找到原因，也很難有動力去改正。

連結光就是開通思路，大腦就像晶片會被不斷地啟動、翻新，讓大腦可以靈活地運用。光來自於無限的空間，任何角度、維度、經緯度都可以連結到。連結光的方式很多：靜態靜心、宗教儀式的朝拜、泥土的芬芳、花朵的香味；動態靜心、運動律動、觀察大自然情景、聆聽優美的旋律。觀想多維空間的延伸：雲中樓梯、廣袤的沙漠、曼陀羅圖騰，只要是以最自然活化大腦的方式，以上都是好的方法。

重塑與啟動腦迴路

多巴胺是一種在大腦和身體裡的神經傳導物質，可影響一個人的情緒，在大腦裡幫忙將訊息傳送或阻斷神經細胞的有機化合物。當我們吃下一個乳酪蛋糕或是清空購物車時，身體就會釋放出多巴胺，它會刺激大腦裡的愉悅中心，令我們心情愉快。但是近來的研究顯示，儘管多巴胺跟心情愉悅有關，但是多巴胺本身並不會引發愉悅感。研究顯示，沒了多巴胺的老鼠，還是能感受到食物在嘴裡的愉悅感，但會喪失動機去吃食物。

靈魂的慾望或是想要行動的動機，身體的本能反應和在面對現實生活時的反應，往往會產生一些慣性。在舊

的思維模式中，我們認為人的一切思想、情緒、心理的所有動作和判斷，都是因大腦給出的信號而導致。但神經生理學家透過研究發現，我們的內心才能控制我們的一切行動。我們的內心總會因為一些衝突的發生、無法控制的意外、疾病的問題而去尋求最快速能夠幫助自己的選擇，但殊不知，最能幫助自己的其實自己就可以創造。

美國密西根大學的情感神經科學專家貝利吉博士（Dr. Kent Berridge）指出：「抑制多巴胺，就抑制了所有獎勵的吸引力。」他是研究大腦控制動機、愉悅及獎勵系統的專家，他指出：「大腦有兩個主要系統負責獎勵我們從事它想要的行為。」

第一個系統是想要：你內心對一件事的渴望，這動機使我們採取行動而產生慾望。想要吃東西、買東西或運動，大腦裡就會有多巴胺流動。第二個系統是喜歡：由神經傳導物質「類鴉片」控制，並提供充足的愉悅感及滿足感，進而完成整個快樂獎勵循環。因為我們有了雙重功能的獎勵系統，這解釋我們會沉迷於網路的原因。想像你單獨被關在房間裡兩小時，你只有兩個方式打發時間：上網

或是完成一個複雜的拼圖。你會選擇上網？還是玩拼圖？你會願意在哪一件事情花較多的時間？

　　無論是上網還是玩拼圖，大腦都會釋放多巴胺，但是上網比玩拼圖更快地使多巴胺釋放，多巴胺會啟動想要系統，令我們想要察看新事物。上網會不斷啟動我們的獎勵系統，因為每分每秒都會有新的資訊，但是拼圖則需要耐心毅力去完成遊戲，多巴胺釋放就會比較緩慢。

　　我們對一件事的專注力，以及多巴胺與身體的滿足系統息息相關，當身體完成某件事之後會獲得滿足，便會釋放多巴胺，所以滿足的動機會讓我們肯定要得到。然而滿足還有一項特殊功能，就是會讓我們一直回想而念念不忘。

　　人類的滿足有兩種：外在物質及內在愉悅。**外在物質是我們完成一件事而得到的具體成就**，例如：增加金錢收入、享受生活的快樂、獲得獎狀以及考試取得滿分；**內在愉悅則是能令我們獲得滿足感與成就感的非實質性事物**，例如：當你在講台上流利完成你的演講、與家人朋友修補破損的關係、得到心儀已久的對象訊息回覆，因而產生了

快樂與喜悅。

　　神經美食學研究證實，產品的價錢、品牌、配方、標籤都會引響腦部活動、腦部活化區塊之間的連結和活化程度。在一些例子中，人腦最原始感覺區塊的神經活性，也會受到這些外在因素影響。

　　以品牌試驗的研究為例，可樂最為經典，在測試的過程中遮住兩種可樂的品牌，同時掃描受試者腦部。受試者僅以自己「以為」的味覺印象，指出自己喝的是哪種品牌的可樂，這會導致腦部出現不同的活化型態。

　　品牌對消費者味覺感知的影響之大，導致商業產品經常採用盲測的方式。這些試驗到底給了哪些訊息呢？一開始在你品嘗食物時，並不知道吃進嘴裡的是什麼，這種狀況發生的頻率有多高？不過，這是個非常好的方法，去找出食物或飲品的缺點。

　　為什麼人們會覺得價格貴一點，食物飲品的味道會更好？為了證實這種直覺反應，加州的神經科學家以學生為研究對象，在第一階段會告訴受試者葡萄酒高低價格的資訊，甚至誤導受試者，告訴他們錯誤的訊息，然後觀察他

們腦部活動的狀況。研究人員告訴受試者5美元的葡萄酒錯誤的資訊，標價變更為45美元；相反地，將價值90美元的葡萄酒，標價成10美元；並如實標價中價位的35美元葡萄酒。

當受試者喝進嘴裡時，他們可以從螢幕上看到標價。一些試驗還要求受試者排序葡萄酒的濃郁程度；有些試驗則要求受試者品評葡萄酒令他們感到愉悅的程度。

無一例外，每位受試者都喜歡價格高的葡萄酒。腦部掃描分析也顯示出，神經中樞裡與價格線索有關的區塊血流量有增加的現象，也就是說價格更貴的酒會活化前額葉皮質中區。相反地，受試者的主要味覺皮質區，負責處理味覺屬性區、辨別酸甜苦辣的部位，血流量並沒有變化。

有趣的是，第二階段的研究在八週之後，研究人員給受試者同樣的葡萄酒，但是這回不提供任何價格的線索，也不用接受腦部掃描，結果顯示不同葡萄酒帶給受試者的愉悅程度，並沒有顯著差異。而且證據顯示，中價位的葡萄酒，更容易誤導受試者，而價格發揮更大的影響力。所以，消費者無法被說服，兩美元的葡萄酒是一等葡萄園出

產的產品。一旦清楚了解名稱、標籤、品牌和價格的重要性，你可能會開始懷疑味覺有什麼用？實質上味覺與大腦產生的交互作用，會決定我們吃喝時的享受程度和品嘗體驗。

查爾斯·S·朱克（Charles S. Zuker）教授是一位智利分子遺傳學家和神經生物學家，哥倫比亞大學教授，霍華德·休斯醫學研究所成員。在2017年8月他和研究團隊發現了產生甜味和苦味的關鍵，這項研究發表在頂尖學術期刊《自然》，報告顯示我們有能力改變大腦對味覺的判斷，感覺不到苦味。李昊峻（Hojoon Lee）博士是這項研究的共同作者之一，他說道：「大腦裡負責味覺的部分，大多在出生時就已經定型了，但舌頭是一個例外。」味蕾上的支持細胞及5到18個毛細胞一直在發生變化，舊的細胞會死，並製造出新的細胞，一到三週為一個週期。新的味蕾細胞形成之後，都需要重新建立和大腦的聯繫。研究人員認為關鍵是藉由「苦味味蕾」和「甜味味蕾」——可以辨識苦味和甜味的味蕾，啟動大腦的額葉與顳葉的腦島皮質區域，使人產生不同的味覺。

研究人員利用基因改造的方法去研究，獲得了擁有兩套不同神經細胞兩種小鼠。經過改造後，第一種小鼠的「苦味味蕾」裡能嘗出甜味；第二種小鼠的「甜味味蕾」能嘗出苦味。

李博士說：「我們的研究表明，味覺受體細胞收到關鍵的指導信號，就會自動與神經細胞進行聯繫。」

研究小組以小鼠實驗得到了進一步的驗證。研究人員準備了兩盆清水，一盆是不摻任何物質的清水，一盆是混有苦味劑的水。普通小鼠會避免喝帶有苦味的水，而經過基因改造的小鼠則可以接受。幫助了這些小鼠的感知苦味能力已經得到了抑制。朱克教授說：「味覺系統給了我們獨特的機遇，去了解味蕾和神經元如何建立聯繫，這樣的研究能一步一步揭示我們的基礎感覺背後的神經學原理。」

從醫學的觀點來說，舌頭只是一個普通的器官，功能是品嘗味道、說話、吞嚥，但從上述不同科學實驗可以得知，舌頭的感官感受影響著大腦的運作。當你無法更深刻感受到光的存在，可以透過舌頭的味蕾感受，活化大腦的

腦迴路，穩定呼吸，讓更多的多巴胺釋放出來，產生想要接觸光的慾望，進而喜歡感受到光的溫暖。

Akasha

來自高靈的訊息

　　思想、精神和身體是相連接的，所以不要忘記在追求靈性的過程中運用你的身體。跳舞、瑜伽、打鼓、唱歌、藝術創作，甚至參加體育運動，都是用我們的身體表達自我精神的直觀方式。

　　思考可以讓我們有邏輯性並且有條理地做出更好的決定，而我們的高靈／高我意識也會前來協助我們，但我們大部分時間都不會產生靈性連結。但我們可以通過冥想和深層思考與更高的自我取得聯繫。高我與靈魂是不同的層面，從意義上說，高我的存在是理性和合乎邏輯的。而靈魂是虛空的，是藝術中虛無縹緲的境界。

當你聆聽內在指引時，你的高我／高靈希望你在接收資訊時感覺舒適愉悅。這樣，隨著你提高信任度，你會在時間的推移下對自己的指導靈變得更加自在。

六種連結到你的更高頻率方式：

1. **靜心——靜心坐下來冥想，這一刻可以讓你從高靈那裡聽到一些直接的指導。** 在煩雜吵鬧的平日生活中，花一些時間透過靜心練習來扎根，可以幫助你獲得一些積極向上的觀點，辨別思想的重要性而採取正確的行動，並為生活帶來新的平靜。

2. **祕密日記——為了能讓自己整理思緒與閱讀，將內心深處的感受寫下來是一件很神奇的事情。** 寫下你的怨恨和恐懼，真的可以讓你以更誠實的眼光了解自己。當你給自己寫日記而不說出全部真相時，你只會對自己和你的高靈撒謊，但是他們早已清楚知道了一切。

3. **自我療癒——找到合適的療癒方法，對於找到**

高靈很重要。主要目的是幫助你敞開心扉，面對過去的創傷是如何影響你目前的處境。

4. **身體鍛鍊——把你的身體當作聖殿照顧好，讓你的血液流動。**這樣你就更容易與他人建立更健康的關係，包括你的高靈。

5. **自然的流動——人們找到高靈最豐富的方式之一，就是感受來自動物、空氣、山、水、樹木和陽光這些大自然包圍的能量。**所有這些元素使高靈的無形性看起來更加真實，因為親眼目睹大自然的美麗讓人尤為讚嘆，經由自己連結創造更是震撼。

6. **連結——你的高靈是存在你心中的信念，就像祈禱也可以符合你自己的信念一樣。**如果宗教祈禱儀式讓你感到不舒服，你可以心存感激，從欣賞一朵美麗的花或聽到同事的一句好話時開始，向宇宙發送良好的氛圍。任何可以讓你對自己或你與高靈的關係感覺良好的事情。沒有規則上的限制，因為這是你與高靈的個人連

結方式。

維達會客室：請問為什麼目前地球上還是會有戰爭的出現，戰爭真的只給地球帶來災難與毀滅性的傷害嗎？戰爭要帶給我們的提示是什麼？

維達的回答：德國在1920年一戰戰敗後，被迫簽訂了《凡爾賽條約》，德國割讓了很多領土，他們的工業跟經濟更是嚴重受損，這使德國的發展雪上加霜，德國進入到了嚴重的通貨膨脹階段，伴隨著數量龐大的失業人口，可以說當時的德國是處於水深火熱之中。希特勒在1939年發動二次世界大戰，宣揚泛日耳曼主義、反猶太主義和反共主義，堅信德意志民族的優越性。他發動戰爭的目的，是為了能夠使日耳曼人更強大。他是專制、納粹、極權及獨裁的，但是希特勒對百姓承諾，讓每個家庭的餐桌上都會有牛奶和麵包，而得到很多人民的支持，並且他讓德國在大蕭條中迅速復甦，國民的收入實現了倍數的

成長，人民推崇他為逆境中的造勢者。在第二次世界大戰中，英法美三國施行「綏靖政策」，藉助德國日本的力量，打擊蘇聯等國。最終，希特勒的軍隊用了幾個月時間，將歐洲很多國家徹底打敗，這一戰績令當時世界上的很多國家都為之驚訝。但是，成功畢竟是站在正義的一方，最終希特勒也成為了一個失敗者。

　　希特勒知道沒有那麼容易征服世界，但還是發動二次世界大戰，卻讓各個國家發現和重用猶太人的智慧和發明。在那個守舊的年代，為什麼希特勒要屠殺聰明且富有的猶太人？原因有三：其一是「宗教的對立」，猶太人的祖先是古代閃族人，被羅馬帝國給消滅，猶太王國被滅後，猶太人，一直處於顛沛流離的境地，西方社會受基督教影響，認為是猶太人害死了耶穌，將耶穌釘死在十字架上，所以絕大多數人在宗教情感上對猶太人是仇視的。而德國人和猶太人都是民族意

識很強的民族，德國人一直想做歐洲的領頭羊，所以對猶太人是厭惡的，信仰和文化的差異讓兩個民族無法相容。

其二是「獨特的生活習性」，在1918年的第一次世界大戰中，猶太人大發戰爭財，壟斷歐洲各國的經濟，猶太人掌控管理大的銀行企業，這導致了歐洲的其他民族不喜歡猶太人，譬如在牛奶供給量不能滿足需求量時，猶太商人將牛奶倒掉也不願意降價出售給窮人，這讓德國政府和民間都仇恨猶太人。

其三是「經濟危機的激發」，在面對經濟危機的衝擊下，德國普遍產生了對猶太人的仇富心態，並在希特勒上位後，對種族理論進行曲解，煽動民族復仇情緒，導致民粹主義蔓延在整個德國人心中。

在這三種原因的促使下，將憎恨的矛頭指向了猶太人，正是如此，希特勒實行了對猶太人的屠殺，這是一場民族的浩劫，更是歷史上最傷痛

的回憶。當然殘殺猶太人的暴力行為，在宇宙的法則裡是不被認同的。

很多軍事愛好者都會把1812年的俄國戰役與1941年的二戰做比較。雖然兩場戰爭有表面相似的事件，但從歷史的角度來探討，發生的原因與環境都不盡相同，那我們就將兩場戰爭放在一起比較看看。法國的拿破崙發動了俄法戰爭，他雖然長得不高，但他卻有強大的意志力。他1769年出生於科西嘉島，該島根據1768年《凡爾賽條約》從義大利割讓移交給法國。他們兩人都利用了民粹主義，人民的民族優越感受到挫折，進而對其他民族產生攻擊行為。拿破崙發動了一系列的戰爭，征服了一個又一個國家；希特勒做了相同的事。但是英國艦隊打敗法國，拿破崙想以武力征服英國的美夢破碎，因此他決定藉由大陸封鎖政策來殲滅這個島國。在大多數歐洲國家都執行了拿破崙的措施時，只有俄國懷疑，止步不前，這是拿破崙進攻俄國的主要原因之

一；其目的是要強占俄國的土地，消滅布爾什維克主義，成為歐洲的霸主。拿破崙和希特勒的將軍們都不贊成他們的戰爭計畫，他們都沒有做好戰前準備，都不了解俄國的軍事與經濟實力，以及都疏忽了為軍隊提供後備補給的困難，傳統的運輸方式靠馬匹或步行，是不可能在短時間內占領蘇聯的。雖然拿破崙有強大的騎兵部隊，希特勒有摩托車部隊，在數量上都無法占領和控制俄國的鄉村。1812年的沙皇和1941年的史達林都有同樣的決心去抵抗外敵。兩場戰爭有一個非常大的不同點就是，拿破崙皇帝是軍人出身，帶領著軍隊攻占了莫斯科，並從莫斯科撤退，而希特勒卻反之。拿破崙和希特勒都有強大的意圖與意志力，但最終拿破崙與希特勒的結果一樣，成為了失敗者，並且都慘敗給了俄國。

　　拿破崙和希特勒發動戰爭的舉動都引發了東西方國家的對立鬥爭，他們都提出了種族的高低對比和區別性，這一投射出的能量就引發了戰

爭的結果會以失敗告終，在提出種族劣等的觀點，就已經讓德國和法國的能量進入了比較的行列。當這股能量流引起世界的關注和抵抗時，就不單單只是一個國家和一個國家之間的戰役，而是整個全球都為之被影響到，如果從一開始希特勒在戰爭發起前沒有提出種族對立的觀點，而是站在同一起跑線，戰爭的走向就會完全不一樣。是金子總會發光的，猶太人的智慧就如同帶給世界璀璨絢爛的寶石一般，而希特勒殘殺六百萬猶太人的行動，促使了猶太人這一民族更早被世界發現。

現在的以色列以猶太人為主，信仰猶太教為主，以色列人和猶太人是有很大區別的。諾亞的三個兒子，老大叫閃，老二叫含，老三叫亞弗。閃的子孫是閃米特人，含的子孫是含米特人，形成的民族叫閃族和含族。亞伯拉罕出自閃的後代，他的嫡子以撒，以撒的幼子雅各，被天使改了名字叫他以色列，意思是和神角力而勝，就是

現在以色列人的祖先。以色列娶了四個妻子（猶太教允許一夫多妻的婚姻制度），生了十二個兒子，發展出十二個支派，分別稱為猶大人，利未人、便雅憫人……等。以色列排行老四的兒子名字叫猶大，猶大在拉丁語和希臘語中稱為猶太。這就是猶太的由來。所以，「以色列人」大於「猶太人」的概念，是因為以色列人包含猶太人。

猶太人從希特勒的屠殺事件中學到成長經驗和教訓，因為他們當時的高傲讓希特勒找到發動戰爭的理由，而他也成為改變世界局面的重要角色。試想如果是猶太人按照當時的世界劇本帶領著世界，地球未必會像現在享受到長期和平的階段，地球秩序會更加混亂，而目前世界上許多國家依然充斥著戰亂、恐怖襲擊、流行性疾病、瘟疫、性別歧視、思想封閉，與之相關的新聞事件隨時被全球報導，地區的不穩定性就像一個定時炸彈隨時引爆。從希特勒在世界上爆發戰爭的舉動，也可以從東方國家之間的對立看出，日本

入侵中國，中國在五千年的歷史中沉浸在敵弱我強的幻影之中，最終因帝王封建制度下的閉關鎖國，造成了國力一下子倒退，成為了西方國家的待宰羔羊。地球的每個地區之間都應協力合作，保留每個國家特有的文化、藝術、宗教、人文，而不因為領土、國家利益、民族鬥爭衍生出更多災難性的悲劇。地球更加需要人文共通，放下自我的偏見與文化背景的差異，讓地球整體能量達到真正滿足飽滿的狀態。

維達會客室：為什麼目前地球上的先進國家侵略落後國家都還是以慘敗收場，真的只是意志力的驅使或是靈魂的品格改變了戰爭的結果嗎？

維達的回答：許多地球上的戰爭獲勝原因都是因提出新的戰爭方針，雖然軍事科技和策略占有極為重要的地位，但人的靈魂意志力，會因為碰到強烈的事件衝擊後，將同樣的振動頻率投射在同一事件中產生重要的化學作用，因此使戰爭

發生巨大的戲劇性改變。

　　靈魂的四大面向：事業、身體健康、家庭、人生志向，如果這四個面向，人的靈魂意識思想，可以與天地和諧相處，可以改進、調整、協調人與天地即自然環境的平衡和諧發展的關係，幫助生態、世態、心態的三態都得到同步平衡和諧發展。

　　《三字經》曰：「三才者，天地人。」《易傳‧繫辭下》第十章：「有天道焉，有人道焉，有地道焉。兼三才而兩之，故六。六者非它也，三才之道也。」三才：指天、地、人三個位置。天干代表天元，地支代表地元，藏干代表人元，命數就是由天地人三才之道所組成的，如果人的天命不能改變，那麼地理環境和個人的努力，就改變了人三分之二的命數，就大於天命的三分之一，積極正面的思想有助於人向好的方面改變。

　　《易經‧說卦》上：「是以立天之道，曰陰

與陽；立地之道，曰柔與剛；立人之道，曰仁與義；兼三才而兩之，故《易》六畫而成卦」。解釋是說天、地、人都是剛和柔兩種因素組合而成，而易經是卦中象徵自然現象和人事變化的一系列符號，以陽爻、陰爻配合而成，六幅畫三個爻而組成一個卦。

所謂的「三才之道」就是讚揚人道主義，人與自然共生共存、發展和諧。春秋時期「人道主義」發達，老子《道德經》的「三生萬物」，就是宇宙萬物繁殖衍生的思想。孔子曰：「以通神明之德，以類萬物之情。」都討論到三才有兩種變化可能，天是陰陽；地是剛柔；人是仁義。《周易》是最早提出、最確切、最有系統化、最深遠地解釋了「天、地、人」三才之道。

天、地、人代表前世、今生、來世，前世（天）的故事已然發生，很難僅憑一般的做法改變以前的前世結果，如前世無法改變，就必須借由今生（地）更加努力來改變結果，來世（人）

任何的一切都取決於你現在的狀態、精神層次和行為模式而決定，如果你們認知到以前和現在的結果很難去調整，那麼也會隱隱影響到未來的動向。因此，借助既定的天賦才能，加上自身的足夠努力帶動改變性的意圖，一定能幫助你們的靈魂大改造！

05

視覺運用與
強化專注力

Akasha

啟發和挖掘內在視野的鍛鍊
——照片運用

　　練習使用你的內在視覺，來看內在世界或潛意識來幫助靈性成長。許多人無法運用內在之眼觀看畫面，是大部分的人被自己肉眼所困住，以及我們僅僅可以感覺到非常狹窄的範圍，所以我們必須透過學習來鍛鍊我們的五感，讓我們的感知更擴展。而我們體內的頻率場或範圍遠比我們的感覺神經元大，透過鍛鍊並讓我們有效溝通，得到有意識的圖像資訊。

　　維達會客室：請問維達如何幫助沒有任何

靈性基礎、但卻想要去探索宇宙真相或是了解自我限制的人們，去強化鍛鍊自己的視覺？要如何挑選相片，挑選哪種風格的相片是最合適的？還是任何的相片都可以鍛鍊探索宇宙的透視能力？如果不通過相片，有其他的方式可以強化專注力嗎？

　　維達的回答：你們先要清楚現在的壓力，去探索為何自己有那麼多的壓力，這些壓力是怎麼形成的？這些壓力不僅是外在的因素，也會因為大腦開始思考的那一刻而產生壓力，思考就會開始醞釀一個能量，這些能量來自於家庭、事業、感情、金錢、人際關係，而這些能量會衍生出重複循環的模式，反過來影響著這些能量的來源，而越陷越深。很多人會因為過去所發生的事情，不斷地自我反省而後悔過去所做的決定，或是認為事件已經完成但還不夠完美，抑或是認為只要思考不用付出實際行動，這些思考模式就一直捆綁著大腦的再造，每天重複舊有的思考習慣。所

創造出的思考習慣不分好壞，而是在於思考的程度和所投入的時間，有一種類型的人會容易產生負面，無法跳脫出負面情緒，但又因行動力不足，沒有嘗試將改變的想法付諸行動。

　　所以建議你們藉由相片去鍛鍊自己，就是想讓你們停止無止盡的負面思考，透過觀看相片看到美好的場景，進而改變了大腦從一開始慣性產生的負面想法。不論是自己手機裡所拍下來的人、事、物，或者是網路上的場景或環境的圖片，即便是沒有去過的地方，仍然可以做這樣的鍛鍊，觀看你覺得最合適的相片，而這張相片是可以讓你重複一直觀看，這樣的目的是訓練專注力。透過觀看宇宙黑洞、螺旋符號、曼陀羅圖案的相片或圖片，可以幫助你們專注在一個焦點上，而不會投入過多的精神和意志，可以突破反覆思考、思緒分散、無法從泥沼中走出來的狀態。在觀看黑洞、螺旋或曼陀羅相片時，只需將

注意力放在觀看的相片上，這是自我意識願意幫助自己作出行動的第一步。自己所設定的目標和身體的機能是行動的動力來源，設定的目標無法假借他人之手去設立，而是需要憑自己最大的意願設立而成。

如果相片還不符合鍛鍊的需求，可以不斷重複地說出或是在內心引導自己正向的話語，例如：唸誦簡單的古老神聖經文、零極限的四句箴言、《聖經》的福音、成功致富法則。

可運用的10個例句，成功人士致富法則語錄：

1. 大多數人得不到他們想要的東西，主要原因是因為他們不知道自己想要什麼。
   富人非常清楚他們想要的就是財富。

——哈福・艾克（T. Harv Eker）

2. 賺錢最快的方法就是解決問題。你解決的問題
   越大，你賺的錢就越多。

   —— 史蒂夫 · 西博爾德（Steve Siebold）

3. 你必須相信，是你創造了成功，是你創造了平
   凡，也是你創造了圍繞金錢和成功的掙扎。表
   意識或潛意識，都是你自己。

   —— 哈福 · 艾克

4. 幸運的機會是富人致富的原因。幸運的機會是
   擁有良好的日常習慣而創造的一種獨特的運
   氣。當你擁有良好的日常習慣時，你就會放大
   運氣，發生奇蹟似的機會。

   —— 湯姆 · 科利（Thomas C. Corley）

5. 如果你無法想像看到巨大財富的出現，你就永遠不會在你的銀行存款餘額中看到它們。

—— 拿破崙・希爾（Napoleon Hill）

6. 藉由創造性的方法致富，而不是藉由競爭的方法致富。

—— 華萊士・德洛伊斯・沃特斯
（Wallace D. Wattles）

7. 願望不會帶來財富。但是，以一種成為急烈渴望的心態去追求財富，然後計畫明確的致富方式，並以不認輸的毅力支持這些計畫，將會帶來財富。

—— 拿破崙・希爾

8. 大多數人都沒有意識到，在生活中，重要的不
是你賺了多少錢，而是你存了多少錢。

──羅伯特・徹・清崎（Robert Kiyosaki）

9. 永遠不要在還沒擁有金錢之前先花掉你的錢。

──湯瑪斯・傑弗遜（Thomas Jefferson）

10.我之所以能夠在財務上取得如此成功，是因為
我的注意力從來沒有一分鐘放在金錢上。

──歐普拉・蓋爾・溫芙蕾（Oprah Winfrey）

■超意識鍛鍊：海底世界的美妙奇觀

1. 此鍛鍊幫助你打開最有創意及直覺的超意識冥想。輕輕閉上你的雙眼，隨著你的調整，進入內在，來趟心靈的神祕之旅。

2. 深呼吸幾次，直到你的腦子完全排空所有的雜訊，讓療癒清新的空氣充滿你。

3. 現在加點你的觀想力，你在一片汪洋大海裡游泳，慢慢潛入海底，漸漸看到了美麗的海底花園，你感受到海中漂浮不定的洋流，慢慢的你看到有隨之漂流的生物，而在這個流動的海流中，像溫水一樣流過你的身體，此刻的你，感受到完全沉浸在這海底世界。

4. 去感受看看，你可以在水中自由游泳，遊走在黑色、白色、橘色或綠色的礁岩上。花點時間，去看看你的海底世界裡有什麼奇珍異寶。

5. 在海底的地方，你看到一個大蚌殼，裡面有一顆看似非常稀有「發亮的白色珍珠」，旁邊寫

著：你的內心藏著巨大的寶藏，像鑽石一樣具有堅強的、璀璨的、純淨的、恆久的特質。撿起這顆白色渾圓的珍珠並收藏它，它就是你豐盛的本質。

6. 接下來，繼續觀看四周你還發現什麼；海螺、貝殼，撫摸它尖尖的邊緣和粗糙的外殼，在你的身體中是如此堅實和真實。繼續吸氣和呼氣，並欣賞海底環境之美。

7. 現在，太陽在天空中，充滿活力的鮮紅色和琥珀色條紋，在美麗的彩虹照射下來時，你竟然看到了人間稀少的「綠松石」，你把貝殼拿到耳朵邊，貼著你的臉頰和耳朵，皮膚感受到涼爽光滑，耳朵聽到海洋的呼吸聲，眼睛看到五彩奪目的景色，它會帶給你更多珍貴的訊息，請接收並且聆聽它。

8. 看看四周，許多新朋友來跟你打招呼了：小丑魚、鯊魚、章魚、海馬、海龜、海星、寄居

蟹、水母、魷魚、海豹、小龍蝦、海豚。請接近牠們揮舞你友好的手勢，新朋友們開始圍繞著你，你們一起度過一個美好時光。

9. 這次的海底之旅，你創造了許多愛與豐盛，持續鍛鍊它，每一次你可能都會看到不同的景象，那都是你意識創造的一部分，也是一次美妙的鍛鍊。持續練習，讓自己可以進入不同的相片，參觀裡面的建築、風景、環境、物件、人物、有趣的事。例如：尼羅河、死海、愛琴海、故宮、長城、印度泰姬陵、空中花園、希臘神話聖殿、彩虹天堂、銀河夜空等等。

Akasha

啟發和挖掘內在視野的鍛鍊
———圖像運用

　　每天重複看不同類型的畫作，可以突破自己的局限性思維，可分成靜態與動態，靜態畫作如人物畫、風景畫、建築物。動態畫作是運用冥想讓畫作成為活動的畫面，如一隻鳥振翅高飛、獵豹急速地向前奔跑、風吹動樹梢的葉子。

　　也可從觀看影片中，訓練自己的專注力。再者去挑選自己喜歡的著名畫作，更可以留下深刻的印象，如同圖畫裡的人物，瀏覽畫作中的場景。

靜態畫作鍛鍊

《星空》是印象派畫家梵谷最為著名的風景油畫，原名《星月夜》，或《星夜》、《星光燦爛的夜空》，但在中國的美術愛好者習慣稱之為《星空》，本作品創作於1889年6月的聖雷米一家精神病院裡，象徵他孤獨的靈魂和鬱悶的心情，現藏於紐約現代藝術博物館。這幅畫中呈現的線條風格，一是歪曲的長線，二是破碎的短線，都是一樣粗細的線條，二者交互運用，使畫面呈現眩目的奇幻景象。在構圖上，騷動的天空與平靜的村落形成對比。火焰則與橫向的山脈、天空達成視覺上的平衡。

十八世紀受新古典主義與歷史畫的影響，風景畫概念是自由的，有的是平面的風景畫作，有的是以人們為主角的真實風景。民眾可以在兩者之間擇其一。對於文化地理學和文化人類學來說，「風景」的概念是屬於人文的部分，不是單純指大自然，因為文化、地理、人類是不可分割的。當人舉起大旗站在山頂，從高處俯瞰景色，觀看、讚美的同時，這個山頭就已納入人類的文化活動範疇。也

就是因為這樣的理論，在跨領域的學者間不間斷地研究西洋藝術史裡的各類風景畫。

　　經典例子如下，魯本斯的《彩虹風景》是歐陸田園風景畫的標準，前景的泥濘地和肥壯牛羊馬，中景繁忙的農事，遠景有豐富的天空畫像。而英國的田園畫作通常是以貴族莊園改變，猶如田園一般：展現自然純樸和寧靜安逸，僅用簡單線條來表現起伏的地勢、田埂和區隔的石塊籬笆，配上兩旁支柱般的大樹和幾朵雲而已，但是對於英國經濟史學者來說，「空無一物」的構圖就已經足夠。因為畫中顯示出土地的區隔、持有和使用：休耕、放牧、打獵、依法租賃給中下階層進行土地勞動行為，全都一目了然。在這類研究中，「圈地運動」（Enclosure）法案前，沒有地的平民百姓可以在貴族的土地上撿拾木柴、採集果實或蘑菇，但不能耕種或放牧，圈地法案通過之後，一般平民則不准在貴族的土地上從事任何的勞務。下層人民失去這些微薄物產的供給，對他們的影響是非常巨人的。

■超意識鍛鍊：靜態畫作鍛鍊《星空》

1. 花幾分鐘細細品味來自梵谷作品《星空》。

2. 閉上你的雙眼、深呼吸幾次讓自己平穩下來。

3. 運用你內在之眼，欣賞梵谷的畫作《星空》，
   感受你進入到你內在空間，參觀專屬於這個
   《星空》畫作。

4. 在這個空間裡，這畫作上有幾盞投射燈，專為
   你開啟照亮你的內在視覺。這個空間是專門為
   你打造的，非常安靜、無人打擾、沒有任何雜
   音，好讓你能細細品味這畫作中的含意。

5. 這幅畫作中：右邊是月亮，左邊是11顆星
   星。你是否感受到，梵谷的畫涵義是情緒的表
   達和情感的象徵。

6. 藍色在畫面中占主導地位，將群山融入天空。
   更深入觀察這幅畫作裡還有什麼。風景如畫
   的村莊依偎在山腳下於畫作的底部，呈棕色、
   灰色和藍色。左邊的柏樹大而明顯，看起來比

實際要近得多。儘管每棟建築都以黑色勾勒出清晰的輪廓，但星星和月亮的黃色和白色在天空的映襯下顯得格外醒目，將視線吸引到天空中。它們是這幅畫的一大亮點，呈現了天空的形狀並添加了一種發光感。

7. 你是否有感受到，梵谷為夜晚和自然賦予了一種情感語言，使它們遠離真實的外表。《星空》以生動的藍色和黃色為主導，運用了生動的神韻和即時性，還展現了梵谷的視覺與他設計的新繪畫程序是多麼密不可分。

8. 《星空》是後印象時期中影響後代極為重要的一幅藝術作品。它讓這麼多人崇拜欣賞產生共鳴，證明了它的美麗是永恆的和獨特的。持續鍛鍊下去，直到你能平靜運用你內在之眼欣賞美麗之作品，發現不一樣之處，你的內在鍛鍊又往前邁進一步了。

■超意識鍛鍊：靜態人物畫鍛鍊《戴珍珠耳環的少女》

1. 花10分鐘靜靜觀賞來自荷蘭三傑之一、光影大師約翰內斯・維梅爾（Johannes Vermeer）的這幅《戴珍珠耳環的少女》。

2. 閉上你的雙眼，深呼吸幾次讓自己平穩下來。

3. 運用你的內在之眼，感受你進入到你的內在空間。

4. 在這個空間裡，有幾盞投射燈在這幅人物畫的上方，專門為你開啟並照亮你的內在視覺。這個空間是為你打造的，非常安靜，無人打擾，沒有任何雜音，好讓你能仔細推究這幅人物畫中的細節。

5. 這是一幅臉部特寫，畫中的女孩穿著荷蘭勞動者裝扮的衣服，少女的頭巾是價格高昂的頂級群青藍，耳朵上戴著不可思議的大珍珠。光線從女孩臉上的柔美線條、濕潤嘴唇上的微光、

和閃亮的珍珠中可以看出。

6. 從這幅作品，你能看出荷蘭畫家維梅爾藉由畫作想表達什麼涵義。是否你在欣賞這幅畫時，感受到畫家傳達的意境「營造出一種平靜、幾乎永恆的氛圍」，你是否有察覺到內心開始平靜了下來，那代表你也深深進入此畫作中。

7. 深深把自己沉浸在欣賞的情境中，這幅人物畫是否有把你帶回到十七世紀的荷蘭代爾夫特（Delft）的時空背景。

8. 分析一下，為何這幅約翰內斯·維梅爾的《戴珍珠耳環的少女》如此受歡迎？它號稱「北方的蒙娜麗莎」，它在曝光率方面開始與達文西的蒙娜麗莎傑作相媲美。吸引你的點是什麼？它為何吸引眾多人的目光？你察覺到了什麼？盡可能地去描繪出來。

9. 還是你覺得《戴珍珠耳環的少女》之所以如此誘人，主要有以下三種特質。一，它非常漂

亮。女孩頭巾上醒目的藍色和黃色，襯托在黑色背景上，幾筆快速筆觸形成的閃閃發光的珍珠，在她明亮的皮膚上對光影的專業捕捉，還有她眼中的眼淚，這些所有加在一起構成了一幅崇高之美的作品。但美貌不足以讓《戴珍珠耳環的少女》受到那種關注。世人還是不厭其煩關注這幅作品。為什麼？

10.你是否有察覺這幅人物畫誘人之處是這個女孩看起來很眼熟？你是否有這種感受？你可能不知道她是誰，但卻覺得你認識她，因為她正以如此熱切的目光看著你。你是否會以外觀誤認為是熟悉的人物？

11.你是否感受到這幅人物畫帶給你神祕性？女孩的表情是令人愉悅的嗎？她是高興還是難過？這女孩也許正在為生活煩惱嗎？或者是畫家約翰內斯．維梅爾要表達的含意是什麼？又或者是戴珍珠耳環的女孩和畫家之間是什麼關係？

探索看看你得到什麼資訊。

12.重複用你內在之眼欣賞這幅畫，每一次帶給你
的感受可能都會不同。持續鍛鍊下去，直到你
能花更多時間運用你內在之眼欣賞美麗作品，
發現更多不一樣之處，你的內在鍛鍊又更前進
一步了。

動態影片畫作鍛鍊

立體透視圖像與視覺運用的關聯，立體透視的圖像
可以有多種選擇，如：3D立體圖形、樂高積木、三層蛋
糕、樓梯。觀看這些圖像可以看得更清楚仔細，觀看立體
透視的圖案，視覺運用不僅僅只是觀看到內心世界的圖
像，而是需要看得更加深入和找到細微的線索，捕捉到每
一個瞬間經過的訊息。例如蝴蝶拍打著翅膀、一群馬奔跑
呼嘯而過、山羚羊跳躍在山岩間。

■超意識鍛鍊：人體幾何立體圖形鍛鍊

觀看動物的身體輪廓，在內在世界投射出動物的形體，而動物只是幾何圖案中的圓形，這樣做的目的是看清動物的身體構造，如同觀看人體構造。人的身體：頭部是橢圓形、身體是長方形，觀看幾何圖形的呈現是否有奇特的特徵，比如觀看人的頭部（圓形），有沒有摻雜其他幾何圖形，如果頭部有菱形或三角形或是其他的形狀，代表身體可能出現一些狀況。

1. 找一面鏡子，可以觀看到自己全身，掃描自己全身從頭到腳。

2. 閉上你的雙眼，觀想自己正站在自己正前方。運用內在之眼，先快速掃描你的整體，包含頭部、脖子、兩條手臂、上半身體、臀部、兩條雙腿、腳掌。（你不必把每一個器官看得太仔細，這一刻只需要察覺自己的大概身體架構。）

3. 回到你的頭部位置，觀看你的頭部呈現出哪種
   幾何造型，如果你的頭部呈現橢圓形，還有沒
   有摻雜其他幾何圖形讓它們重疊在一起，或是
   周圍部分交疊，如果有出現超出你頭部橢圓以
   外的圖形，那表示你的那一區出現一些狀況，
   這一刻先觀察它們。依此類推，持續觀察到你
   的其他身體區域。

4. 此鍛鍊在活化與鍛鍊你的右腦，讓它能3D立
   體及多角度察覺事物。它也是你鍛鍊你的超感
   官知覺的一種。

■超意識鍛鍊：建築物幾何立體圖形鍛鍊

1. 在內心世界投射出房屋形狀。（建議你可以先
   找出你想要觀看房子的結構圖、建築平面圖或
   房子格局設計圖。）

2. 房屋幾何圖是以長方形呈現，每一間房呈現出

一個一個長方形並列或者重疊，就像夾心餅乾，一個一個並列堆疊起來，觀看哪個長方形的形狀特別突出或特別。（你可以依此類推，察覺你的整體房子、大門、窗戶、客廳、飯廳、廚房、書房、臥室、廁所、陽台，延伸至其它）若有突出的一區出現，代表或許有一些狀況或不在合理範圍之內，這一刻先觀察它們。

3. 此鍛鍊在活化與鍛鍊你的右腦，讓它能3D立體及多角度察覺事物。它也是你鍛鍊你的超感官知覺的一種。

Akasha

解鎖內在密碼，
重新連結你的靈魂

　　我們都有生命力能量流過我們。這種能量源是來自我們靈魂的信號，它幫助我們駕馭生活中的力量——一種力量是恐懼／壓迫，它驅使我們保持原樣並留在我們的舒適區。另一種力量是愛／擴張，它促使我們克服不適狀況，變得完整和一致。當某事不適合我們時，我們的靈魂就會收回能量。這種能量的消退最常出現在我們的人際關係和工作中。這通常是一個信號，表明我們已經超出了當前的狀況，並且打算做出一些改變。

　　觀看自身的原因是，大部分的人很難從自身出發，找

到自己的問題點，習慣把問題歸咎於周邊的因素，怪在其他人身上，始終找不到自己問題的原因。觀看自己不要帶有任何的情緒、情感、立場，以中立者的角度審視自己，發現以不同角度看待相同的問題會有不同的答案。然而，要獲得深深的快樂和滿足，我們需要與代表我們真實自我的那部分聯繫起來，我們的靈魂為我們的靈魂提供能量，其中包括我們注定要成為的人的藍圖。 就像橡子會變成橡樹一樣。靈魂雖然有韌性，但卻是膽小的。我們必須創造空間來連接我們內在的智慧和指導系統。

■超意識鍛鍊：重新連結與喚醒你內在靈魂

1. 觀想自己站在前方。掃描自身來觀察你能否清楚看到自身的樣子，從頭到腳。（如果內在投射不清楚，事前多照鏡子，多練習幾次閉眼都能看到自己的樣貌，直到清楚為止。）

2. 我們從左腳的腳趾頭開始，慢慢將注意力移到身體的各部位；左腳掌、左大腿。在全然的觀察中，專注於身體一個部位一段時間，觀看察覺變化。掃描到骨盆時，再將注意力移到右腳的腳趾頭，從那兒慢慢往上移到右足，再慢慢到右腿、右臀、再回到骨盆。從骨盆慢慢往上移，經過腰部、腹部、上背部、胸部、抵達肩胛骨、腋下、兩肩。再慢慢向上移到雙手的掌心、手背，慢慢地再移到手腕、下手臂、手肘、上手臂，之後到肩膀。然後將注意力移到脖子與喉嚨，再往上到臉頰、後腦勺與頭頂。

3. 你覺得哪個部位看得不太清楚，下次再加強一下這個部分，直到你可以越來越輕鬆順暢連結觀看到你內在每一個部分。

4. 當你完成時，再慢慢把意識回歸到自身，回到當下。上述的步驟也可以延伸掃描他人，掃描建築物，掃描動物、礦物、植物，以此類推。

chapter

06

宇宙頻率連結

Akasha

外在頻率連結

　　宇宙由很多元素組成，聲音也是其一，宇宙有它獨特的聲音頻率。在自然界裡有自行運作頻率的振動法則，而聲音是根據赫茲單位計算每秒發出的振動頻率，由此解釋聲音和生命有著緊密的連繫。

　　432 Hz是延續古典音樂的傳統，是自然和諧的標準音高，A＝432 Hz（或LA＝432 Hz）是聲音的頻率達到共振狀態，達到在數學基礎上與宇宙模式一致。德國智庫「席勒研究所」是國際政治和經濟組織，建議將A從440 Hz較為尖銳、飽和的頻率調至較低的音頻432 Hz，亦稱為「哲學音調」。相較之下，自然界中構建所有生命形式時，作

為普遍法則運作的基本幾何的黃金比例是 1 比 1.618……。音樂是生命過程的產物，是人類思維創作出來的，因此音樂中的一切都與黃金比例保持一致。根據德國天文學家、數學家約翰尼斯‧克卜勒（Johannes Kepler）對音樂、數學及物質世界之間的命理關係的研究，科學的音調就是符合這個神聖比例的唯一頻率，因此 A = 432 Hz 被認為是自然界和整個宇宙的原始諧波音調。

這條定律的整個構想是描述我們有特定的振動頻率，加上我們沉浸在低頻波的體驗或場景，我們就可以學會調整我們的振動頻率。你對自己的能量協調得越多，你就越能感受到你的整個體驗與之產生共鳴，歸根結柢，無論何時我們都需要遵守這振動頻率法則，這樣我們才能在同一水準上維持平衡。

維達會客室：為什麼進入阿卡西紀錄庫需要加強頻率的連結，有沒有什麼簡單易懂的方法，在日常生活中隨處可用的方式可以鍛鍊？

維達的回答：當人們說話時用溫和柔美的

聲音，去傾聽並接受大自然的音頻，是最容易輔助進入到宇宙紀錄庫的方法之一。語速頻率不用刻意地去調整，每種生物都有屬於自己的特定頻率，要先理解接受自己的特殊頻率，才能在進入阿卡西紀錄庫的過程中，與宇宙的頻率校準在同一頻率，比如：清風拂過的流動聲、海浪此起彼伏的拍打聲、悅耳的鳥鳴、青蛙的蛙鳴、鋼琴黑白琴鍵的彈奏聲、天使銀鈴般的優美聖歌，先讓你的心智頻率放鬆。即使這些聲音不是在真實場景中聆聽，唱片或是影片的效果也是一樣的，請觀察你們能夠在放鬆的頻率中沉浸多久，有辦法真正靜下來默默聆聽一首歌曲嗎？還是會在聆聽歌曲的過程中，因為生活瑣碎的事情而分散了注意力？可以聆聽動物的叫聲或是特定頻率的音樂來幫助加強頻率連結。

神經解剖學專家認為，除了人類以外，在動物界裡，海豚是地球上最聰明的一種動物，按照對海豚大腦比例的

研究，寬吻海豚（Bottlenose dolphin）的大腦有1,600克，而人類有1,300克，海豚的大腦和體重的比值比大猩猩（great apes）高，不過低於人類。海豚存活於地球上的時間也非常久，海豚會將地球的演變過程儲存在牠們種族的血脈裡，所以海豚很了解人類的想法和行為，就好像歷經百年、千年的古樹會將在地球所經歷的一切，將這些記憶儲存在樹根的年輪裡。腦袋的大小不是問題，要看海豚大腦的新皮質非常複雜，擁有負責解決問題、自我意識等功能，牠的神經元也有發現和情感、社會認知，感受他人在想什麼的能力。海豚可以認出在鏡子中的自己，可以理解人類的複雜手勢，海豚會透過人類撫摸，並從人類的眼神中觀察到人類的動作導向，即使海豚與人類無法用語言交流，也可以了解人類在想什麼。因此你們可以藉由聆聽海豚的聲音擴展自己的頻率和感知，因為海豚的聲音就是在與地球相對準，也是最接近地球蓋亞的頻率之一。

海豚和鯨魚都使用聲波進行溝通、定位、巡航。寬吻海豚可以聽到的聲音頻率大約在160,000赫茲，而牠們發出的頻率可以高到44,000赫茲上下。人類可以聽見的頻

率是20至20,000赫茲之間。現在知道的鯨豚類動物可以發出三大類聲音進行交流與溝通：喀答聲（click）、哨聲（whistle）、脈衝聲（burst pulse）。 喀答聲是長度極短，用來回聲定位，來導航和偵測物體。哨聲長度較長，是用來和其他個體的溝通。脈衝聲是一連串的寬頻，其作用於導航和溝通。當鯨豚對魚群時，鯨豚類會發出超高頻聲波擊昏魚群，聲波引起魚鰾內空氣的共振，進而影響魚的身體把魚迷暈，進行捕獵。

英國的工程師受海豚啟發，發明出更容易探測路邊炸彈的雷達。這種雙倒脈衝雷達（TWIPR）模仿海豚發出兩聲脈衝，以辨別出爆炸物內是電子裝置，還是管子或者釘子這樣的「垃圾」。

南安普頓大學的雷頓教授率領的團隊，以及倫敦大學學院的科學家，一起開發出這種雷達探測器，專家們表示，這種系統「非常有發展前途」。雷頓教授的靈感是從海豚在水中藉由自己的聲納準確找到獵物的位置而來。海豚會在牠捕獵的魚群周圍吹出很多氣泡，並使這些魚群聚在一起，那麼牠的聲納系統就會起到效果。科學家只用台

幣37元就能夠製造出雷達探測系統發出的聲音脈衝，而這個系統只有兩公分大小。當這個系統碰到一個電子裝置的時候，就會發出非常強烈的信號，這樣就會讓這個脈衝變成正極。研究報告顯示，這個探測器的信號強度比其它金屬「垃圾」的信號要強10萬倍，另外在探測民用設備的時候也非常有效果，探測器可以透過手機信號找到在雪崩或是地震後被埋的人。英國工程師藉由海豚對聲音的敏感性，以低成本的方式，幫助人類排除更多潛在的危險。

　　為什麼這裡要特別指出海豚這一生物，請讓我再加強說明！因為人類在嬰兒時期對於聲音很敏感，嬰兒會因為周圍人的聲音而感受到周圍人的心情好壞，比如家庭的生活狀況是溫馨的，嬰兒會感受到父母的溫暖，洋溢出燦爛的微笑。如果嬰兒的父母正在爭吵，說話聲音很大，還不懂語言的嬰兒不知道父母爭吵的原因是什麼，也不知道父母在說的話表達什麼樣的涵義，但嬰兒可以從聲音的頻率去感知到父母的情緒是不穩定的，因此嬰兒會開始放聲大哭。

　　請讓我再舉一個生物的案例，鸚鵡也會像海豚一樣

透過觀察人類眼神、聲音接收到主人的情緒，鳥類能夠迅速地調控眼睛的虹膜、收放自己的瞳孔。當牠們感到雀躍、對某件事抱著強烈的好奇心，或當牠們感到生氣、害怕，甚至有某些企圖時，牠們的眼睛便會閃閃發亮。鳥類振動翅膀也是一個自然頻率的展現，鳥類的翅膀除了用於飛行，也是牠們溝通的方式。鳥類拍打翅膀、在原地揮舞是吸引注意，或者表達愉快的心情，舉起翅膀伸懶腰或散熱。翻動翅膀以表達生氣或受傷，也可以用來整理羽毛。在餵食時，鳥類有引人注意的行為表現，會一邊翻動翅膀，一邊弓著肩膀和上下點頭。

接下來，讓我們再聊聊為什麼特定頻率會幫助加強頻率連結，你們可以經常聆聽432 Hz頻率的音樂配合均勻的呼吸來調整頻率，現今醫學界證實432 hz就是我們與地球心跳一致的頻率，之所以用432 Hz的音樂搭配呼吸，是為了讓你們的呼吸節奏與地球的呼吸節奏保持一致，藉由432 Hz的頻率先連結到地球的意識頻率，才可以連結到宇宙，如果沒有一個頻率先連結到與地球相同的頻率，要如何連結到更加遙遠的頻率？因此432 Hz的頻率是幫助你們

連結到地球意識頻率的跳板。在音樂層面，8 Hz 是 432 Hz 的基礎。不可否認的，音樂可以與人體產生完美的共振，提高感知力、增加思考能力並減少焦慮、降低血壓、舒緩心率。我們可以在許多古代文明的宗教和文化上找得到 432 Hz 頻率。 阿南達・巴斯門（Ananda Bosman）是一位研究學者及音樂家，他指出很多樂器在中古埃及和古希臘出土，許多都是 A 音調（La）＝振動頻率是 432 Hz；歌劇作家威爾第（Giuseppe Verdi）堅持做 A ＝ 432 Hz 的作品，他認為歌劇表演和這個頻率是極致完美的聲音；傑米・巴特夫（Jamie Buturff）是專門研究聲音的學者，他用 Korg 的調頻器測試西藏頌缽（Singing Bowl）的演奏頻率 432 Hz 為實驗；名製琴家安東尼奧・史特拉第瓦里（Antonio Stradivarius）的第一把史特拉第瓦里小提琴就是調在 432 Hz。在蘇美文化節慶及薩滿的儀式裡，鼓、喇叭和豎琴都是調在 432 Hz，這個頻率在許多文化裡多用在神聖的儀式裡。印度的西塔琴（Sitar）和坦姆布拉琴（Tambura）都是用 432 Hz，稱為「Sadja：六音之父」。

　　432 Hz 是基礎連結和強化的頻率，並能夠讓你們與

地球大地的呼吸達到最契合的狀態。440 Hz能夠讓人的血液快速流動，加快新陳代謝，使人的大腦暫時處於麻痺狀態。在德國納粹時期，科學家研究指出440 Hz的頻率，能操控人民在潛意識服從且更容易受控制，當時的教育部長約瑟夫‧高博（Joseph Goebbels）強力支持訂440 Hz為標準，以控制人民。美國洛克斐勒家族（Rockefeller）對德國納粹大筆金錢資助，他們捐贈大筆資金給美國音樂家協會（The American Federation of Musicians），贊成以A＝440 Hz為通用標準，以吸取更多資金。

而528 Hz則是愛的頻率，也是幫助釋放的頻率，這個音頻廣泛地被古代的祭司、醫師和學者所使用。現今，音樂家也慢慢地再重新使用這些音頻，讓音樂與心靈更加和諧，而樂器製造家開始製造432 Hz音頻的樂器，他們認為這個音頻是人類聆聽最舒適的程度。尼古拉‧特斯拉強調：「振動和頻率雖然是看不見的力量，但是對人類的生活很重要，時時都在影響我們的生活、健康、社會和世界。」音樂是一種看不見的振動力量，它直接或間接地影響我們的情緒和感受。人們在室內待久的時候，總是想要

去戶外散步呼吸新鮮空氣，源自於人們的意識想要與地球相同，大海、微風也會發出 432 Hz 的頻率，試想如果你們去戶外野餐微風吹拂而過，或者是在大海聽到海水拍打礁石的聲音，這些聲音很快就能夠讓你們的心情有輕鬆愉悅的感覺，這源自於你們的內在本能，想要與地球更靠近。音樂能夠幫助你們喚起你看不到的力量，正如同內在世界的探討也是無法用肉眼看到。

舒曼波也可以幫助你們加強頻率，舒曼波是地球電磁場頻譜的極低頻部分，也稱為地球的心跳，圍繞著地球的磁場。是一種產生於地表和電離層間的全球性電磁共振，一開始由尼古拉・特斯拉發現，並在 1950 年代被科學家證實確實存在。如果你們想要進入阿卡西紀錄，想看到確切的畫面，也可以聆聽舒曼波的音樂，藉由音樂進入到你們的內心，加強潛意識的強化訊號而進入到宇宙紀錄庫。近年來，人工智慧（Artificial Intelligence，AI）的發明，將聲音形象化，讓我們清楚看到聲音的樣子，實驗時用一個金屬板子，上面灑一些沙子，再放不同頻率的聲音，這樣我們很清楚看到不同的頻率在板子上形成的圖形。

在1630年伽利略就已經開始有這個技術，之後再由虎克（Robert Hooke）和德國物理學家及聲學之父恩斯特·克拉德尼（Ernst Chladni）發揚光大。到20世紀時，由人智學家漢斯·真尼（Hans Jenny）發明顯波學（Cymatics），你可以在TEDx Talks裡詳細了解是什麼，簡單來說是運用沙粒顯現聲音振動的頻率。

　　《生命的答案水知道》作者江本勝博士，也在書中的實驗提到不同的聲音，所傳達出的頻率會影響到水結晶的形狀和顏色。由這些實驗可以看出，聲音雖然是無形的，但它的振動，可以對物質產生影響。

動物和人類互相治癒的過程

　　科學研究表明，寵物帶給人類在心靈上無比的快樂放鬆頻率，也可以讓我們變得健康且更愉悅。動物治療師證明這是對所有年齡段的人都有益，動物能感知人類的情緒，甚至可以識別人類的情緒以促進治療，例如人類焦慮，牠會保持距離。如果人類很平靜，牠就會待在他們身邊。顯著減少了人們對壓力，焦慮等相關情緒的生理反應。引用佛洛伊德的名言：「狗愛朋友，咬敵人。這與人完全不同，人類沒有能力單純地去愛，永遠都是愛恨交織。」動物是我們與自然之間連接的橋樑，牠們向我們展示了我們生活中缺乏的東西，也讓我們學習要如何更完全和無條件地愛自己，牠們將我們是誰以及我們在這裡的目的聯繫起來。

莘蒂是一位愛貓人士，她是九隻貓的媽咪，這些貓仔都是她飼養的孩子，每一隻都對她有不同意義。但其中一隻貓咪名小乖，因為生重病而離開她，讓莘蒂非常痛心，她說她很遺憾也非常懊悔沒有在最後一刻陪在牠身旁，也擔心小乖死後不知道會去哪裡，怕牠過得不如意，因此想要尋找小乖的靈魂看牠過得好不好。

　　我們嘗試連結找到小乖死後的去處，牠在一個狹小黑暗的空間一直跑來跑去，像是想要找到一個出口逃離這個空間，但一直走不出去。我們開始呼喚牠，很順利的，我們喚醒小乖的靈魂讓牠注意到我們的存在，牠的媽咪正在叫喚牠。我們替莘蒂傳達她思念的心情，以及她希望小乖可以過得更好，莘蒂還傳遞若真有轉世，希望小乖再當媽咪的寵物，但是小乖卻回答，牠終於解脫了這世，恨不得想更早離開，逃離這個家。我們很驚訝小乖沒有像莘蒂一樣思念著彼此，反而聽到

莘蒂的聲音想跑得更快，再經由我們翻閱阿卡西紀錄查看之後，原來小乖在世時很孤獨，雖然有許多同伴，但是大家都各自占據一方，再加上家裡空間狹窄，活動空間小，所以觀看到小乖都喜愛站在窗戶旁遠遠看向窗外，但牠心中一直有一個想出去玩的夢想，主要是主人忙於工作也幾乎很少在家，牠的一生都只是默默在等待，但都沒有得到回應，所以牠的記憶裡面都是失落及孤單。

這時莘蒂恍然大悟，她因為工作真的忙到幾乎沒有放假，她一直以為牠的貓咪喜愛獨處，會自己照顧自己，回到家其實也沒怎麼照顧牠們，而她只想休息睡覺。莘蒂說小乖生前確實喜愛站在窗戶邊往外看，她都以為牠只是愛曬太陽或看外面，沒想到是忽略了牠也有想要陪伴及玩樂的心情，讓她驚醒及痛哭。從這事莘蒂也回顧自己一直以來忙進忙出，說穿了喜愛貓咪其實是自己內心空虛需要牠們的陪伴，自己從小沒了家人，

所以她才想養那麼多隻貓彌補自己回家沒有人的失落感。小乖最後才提醒主人莘蒂，妳需要先照顧好妳自己，在小乖的眼裡，莘蒂每天都非常疲累，回到家的記憶都在睡覺，雖然牠離開了，還是感謝她的短暫陪伴。下一秒，我們就看到小乖頭也不回地往光的道路前進，牠已準備好迎接下一個階段。

我們在生活中養的動物，在很多方面反映了我們自身。我們與動物的聯繫好比心靈交流，直達靈魂層面。動物就像我們一樣，也在藉由牠們與主人的關係和經歷來發展牠們的靈魂，動物們也會有深刻的資訊給我們和我們個人成長的發展。而從能量頻率的角度來解讀動物的行為、情緒和身體問題，去解釋我們的動物夥伴如何分享我們的能量模式和情感創傷，揭露了我們生活中可能被隱藏或壓抑的問題。

Akasha

內在頻率連結

現實生活源於我們的思想，在人類不斷的創造下，我們的內在靈魂正在過著他們希望的生活。不同之處在於，在那裡他們沒有恐懼、懷疑或限制。在地球上，我們正試圖盡可能接近這些恐懼，人身上有太多對人、事、物的擔憂和障礙，阻礙著我們追求未來的熱情。

我們有能力去創造我們想要的生活，這是我們與生俱來的權利義務。想像一下，你手裡拿著一張路線圖，或是手機裡最新版本的谷歌地圖。地圖為我們提供了多種選擇：要走的路線、要看的地標、要參觀的景點。無論我們選擇什麼方向，這條路上的每一步都是出於我們自己的自

由意志，最終將決定我們的命運。

我們應該保持積極正面的人生態度，宇宙會回應我們的思想和感受。當我們在積極地創造人生時，我們的振動頻率會提升到足以連接到宇宙的強大能量。當我們在這個空間時，我們開始與宇宙的流動保持一致，我們就會感到勢不可擋。

維達會客室：請問既然外在有那麼多方法，例如聆聽海豚、鳥類聲音、觀察圖像等這些方法，有沒有適合內在的方法可以去加強頻率的連結？

維達的回答：在連結宇宙頻率前，需要先清理內在的負擔，這些負擔源自於內在自我的設定、不確定感、不認同自己、不審視目前所作出的決定、自我要求過高、對他人有所期待、懷才不遇等等。許多人會有大生的感知，感覺危險會靠近，所以他們會刻意隱藏自己，害怕隨著感知的擴張而無法抵禦未知的威脅，但這一切都源自

於自我力量不足、沒有堅定的意志力、不知道未來的方向在哪裡，因此對未來產生焦慮，對於未知可能顛覆已知模式而伴隨恐懼，導致不想要了解自己發生了什麼。

　　靈魂正如人的生命歷程需要經歷成熟，靈魂在經歷如教育制度下的托嬰班、幼稚園、小學、國中、高中、大學、研究所，最後成為了學者，我簡稱為地球的實驗室，在地球實驗室學習的階段總是會碰到很多意外發生，而造成靈魂有不同的成熟程度，但人類的四個面向：家庭、感情、事業、身體健康延伸出來的問題也會反映在學堂的學習上。例如約翰的金錢處於高中時期，但感情處於托嬰班，因此使約翰在事業上是跨國的公司總裁，但感情上卻三心二意，始終沒有穩定的伴侶，他對於感情的態度沒有事業上那麼認真負責。地球的機制隨著人性出現而變得更加複雜，互相的猜忌、比較、懷疑、猜測、競爭，而讓一

件本來很簡單的事情變得更複雜，讓我以更鮮明的例子來說明！

如何活出豐盛人生藍圖

克里斯想要詢問為什麼今生與母親的連結很深，他覺得自己過度依賴母親，認為母親是自己生命中非常重要的一部分。他人生的抉擇都會遵從母親的想法而去執行，例如：高中去哪就讀什麼學校，大學要選擇的學校與主修科系，還有畢業後踏入社會要面試的公司。原本他以為一生只要遵照母親的決定，將會高枕無憂，沒有任何煩惱。因為，從小在他的心裡母親是一位女強人，母親的工作狀態、人際關係、社交能力都非常強勢，除了工作之外，家裡所有的大小事也是一手包辦。母親的服裝事業從開始創業、服飾銷售，並成立自己的服裝品牌，在事業最輝煌的時候，服裝甚至販售到美國、加拿大、歐洲、中國、日本等多個國家地區，也獲得許多國際上知名的服

裝設計師的認可。但後來母親罹患了癌症，因為身體病痛的關係，沒有像健康時一樣有活力，漸漸的沒有精神去處理業務，因此服裝公司業績下滑，導致員工紛紛離職，最後公司要及時停損只能被迫選擇關門。父母的婚姻關係不好，因為父親的外遇，也不主動承擔家庭經濟上的壓力，母親在這雙重的打擊下，最後病情日益加重，撒手離開了人世。克里斯一夕之間失去了生命的支柱，沒有特殊才能的他找不到豐厚報酬的工作，當時也不滿30歲，對未來是迷茫沒有目標的，因此他想弄清楚是什麼原因與母親的羈絆會影響他的一生。

通過阿卡西紀錄的觀看：來幫助克里斯尋找與母親連結很深的原因，前世的克里斯跟母親的關係一樣是母子，我們稱克里斯的前世為希爾，母親的前世為米亞。 希爾年紀大概五、六歲，希爾的母親米亞35歲，米亞身患肺炎，每天只能

待在床上不斷地咳嗽，甚至在最後的時刻都咳出鮮血。而以當時的醫療條件，肺炎是沒辦法痊癒的，只能依靠普通的藥物來拖延時間，而病情還是繼續蔓延。米亞因為丈夫沒有陪在身旁，心情始終處於低落，最後在希爾7歲的時候因病痛結束了生命。而在米亞離開之後，希爾就在內心作了一個決定，「如果還有機會，不論有多大的困難，我一定要再次陪伴我的母親。」也因為希爾下了想要一直陪伴的決定，使克里斯在今生又與米亞的靈魂相遇，再次成為了母子。

回到今生，發現克里斯從小的時候，父母一直忙於工作，他童年大部分的時間都是一個人待在家裡，每天都想要找玩伴消磨孤單空白的時光。而又因為克里斯是家中的獨子，沒有兄弟姊妹的陪伴，因此讓他的意識裡始終注視著母親的行為。高中時期的克里斯開始抽菸酗酒，試圖以麻痺自己的方式逃脫原生家庭帶來的影響，也因此

克里斯開始有了菸癮，會把無法與母親溝通的話悶在心裡，轉而用菸酒這種消極的方式處理自己的煩躁情緒。正因為克里斯從小就對母親產生了極度的依賴，才會倚靠母親幫他做出人生各個階段不同的選擇，即使母親的決定可能不是最明智的，也不是克里斯自己最想要的。但在克里斯的心中，母親一直是他生命中的「女超人」，母親的能力就像一個全能戰士，無所不能，而母親的疾病也引發了克里斯對於母親形象的崩壞，覺得母親那麼強大不應該被疾病打倒。也因自己過度依賴，而造成潛意識沒有熱情與動力，使他學業平平，又沒辦法有鍛鍊的心態讓自己從零開始工作，他反而因為母親的離去，而對母親產生了怨恨，認為母親沒有對自己盡到責任，只是掌控了自己的人生，即便自己按照母親的安排去執行，但他並沒有過得更好。

我們給予的建議：其實克里斯完全可以拿回自

己的人生權利，他正是過於依賴母親，在宇宙的定律中，正因想要陪伴、過度依賴的強烈情緒，宇宙想要讓克里斯清楚明白這所有，不應都把選擇交由他人，自己也要學會主動思考，擺脫大腦容易產生空白、沒有想法的習慣。

　　經由阿卡西紀錄的追溯，克里斯真正了解到他確實有過度依賴母親，認為母親可以負擔一切。又在隔年的三月之後，克里斯告訴我們，他聽從我們的建議，開始每天給自己與自己靈魂獨處的時間開始冥想，去處理他內在未消化的情緒，並且戒掉了多年持續的菸癮。在母親離開之後他有所成長，事業得到了轉換，他成為了一名國際知名企業的顧問，這也是他內心真正想要從事的工作，不會再感覺到勉強和壓迫，獨立自主找到自己擅長的方向，看待事物的方式更加成熟，懂得觀察四周人的心情，知道怎麼選擇以最佳的應對方式去溝通。母親的逝世時間雖然很早，但他很

感謝母親的陪伴，不會再以怨恨的心情去看待母親對他所做的一切。

從這個故事可以看出，當我們用感謝的心情去看待周圍人周遭事，看到自己人生還有更多的可能性，可能性不是由他人締造，當自己的心態願意轉變並厚積薄發，宇宙就會得到大腦所發出的指令，令生活發生不可預期的蛻變。

■超意識鍛鍊：靈魂比例評估練習

1. 請閉上眼睛、觀想源頭光芒閃耀照亮全身。

2. 觀想你把人生分成四個部分（家庭、感情、事業、身體健康）的靈性程度，觀看它們各部分占據自己的呈現的顏色（藍／紅／黃／白）和百分比是多少。比例最高100%，比例最低1%。觀看自己四大部分呈現如何，如果哪一個部分的百分比比例較低，或顏色較深或

過淺，代表這個部分需要調整加強。反之，比例越高或顏色亮麗，代表狀態和諧。這邊運用藏傳佛教所使用的五色旗顏色定義，五色旗又稱天馬旗，天馬又稱風馬，藏文發音為龍達。「龍」音意為風，疾速如風；「達」音意為馬，取快速如風之意。白色代表消災解厄，黃色代表財富，綠色代表事業，紅色代表人緣，藍色代表驅除魔障。藍色代表家庭，因家庭需要穩定，紅色代表感情，感情需要熱情、動力，黃色代表事業，事業需要收支平衡，白色代表身體健康，身體需要完全沒有負擔。

3. 請把這四個部分組合成一個圓周形，切成四塊餅，四個部分有相對應的顏色和百分比。不用特意詢問造成顏色深淺和百分比的原因，調整顏色到正常狀態即可。當你開始調整它就是調整你的能量恢復狀態。

雜念排除與
保持專注

Akasha

斷捨離——
清除雜物清除思緒

　　日常生活中可以做簡單的整理收納，而一年一度的斷捨離其涵義就是學會整理自身的能量。老舊的物品會留有過去事件的能量情節及能量遺留，這些能量因為過去的記憶與回憶，而不斷地留存在原有的場所。比如：上一份工作沒用完的原子筆、會議紀錄本和開會報告；上一段感情前任伴侶所留下的衣物、玩偶、禮物和交往紀念日的紀念品，以及童年時期的玩具、相冊、同學聯絡薄。這些物品保留下美好的過往，但是，也留下了未完成的遺憾和挽回不了的錯失感，而對辦公室、住家、周圍環境造成了一

定的影響，因為你在保存這些老舊物品時，會一直不斷重複出現相同的臆想。當這些停留的意念隨著自身的意願，你也開始願意去整理周遭的物品，就是在幫助自身的能量場形成整理的作用，馬上丟棄不用的物品，就是去整理你的櫥櫃、丟棄塵封已久的記憶卡，以及修補殘缺的內心破洞。

■超意識鍛鍊：空間能量整理

1. 第一步，嘗試做空間能量的整理，先閉上雙眼運用內在之眼，去掃描居住環境的空間，也就是你自己的能量場。你會發現居住環境的能量場與肉眼看到的居住環境狀況會完全不同。請先以觀察者的角度，仔細觀察居住環境的每一個空間和每一個角落，就是去探測你的居住環境的能量場。如果發現能量場空間中有黑點或是雜物，哪裡比較雜亂又比較看不清的，請用擦除的方式去除這些負面的能量，例如使用橡皮擦、立可白、掃把，但這些都是用內心去投射運作。

2. 第二步，現實生活中可以將家裡分布散亂的物品擺放整齊，擦拭布滿灰塵的物品，因為肉眼看不到的塵埃也會影響物品的完整度，過多的灰塵會影響物品的使用率以及嶄新程度，任何事物都是由分子和粒子組成，看不到灰塵也會

對肉眼側面產生一定的影響，因此這也是幫助自己的大腦邁向完整的思路，當你看到整齊的物品會感到比較愉快、喜悅？還是看到雜亂、不規律的物品會有樂觀、積極的態度？答案不言而喻，自然是前者。你的思緒會因為整理物品而變得更加透澈和中立。

Akasha

找尋生活中
美好事物並關注積極面

　　找尋的目的是為了找回生活中的動力，動力源自於下一步的目標和對未來的期望，平常人卻因為現實生活的困境而失去了動力。普通人的目標不一定要很高的名聲地位、獲得豐厚的薪水待遇，或是成為眾所周知的著名公眾人物，哪怕是生活中每天持續執行力所能及的事情，比如：運動、觀看書籍、學習外文口語、栽種植物、養昆蟲寵物、享受美食、享受購物，這些也都是培養目標的步伐之一，只要肯找尋每天生活中能夠持續不斷的事，這些事物是能讓你能夠完全投入、完全專注，卻又能得到最放

鬆、最滿足的回饋，這就是代表你找到了美好的事物。人不斷在做重複的事情，必須是有規律且合理地在進行，不是麻木的配合，或是機械般沒有感受的工作。

改變心念，人生翻轉

　　凱文是一名32歲年輕帥氣的網紅直播主，他原本業績長紅，卻因為家庭的瑣事及負擔家計的壓力，漸漸失去了對事業的熱情，他說在鏡頭前銷售產品，是為了能達到業績目標，每天只想賣更多貨品才能賺取更多金錢，他完全不清楚產品到底是什麼？或是產品的優勢在哪裡？半年後他開始覺得上班很迷茫，也失去了初始的目標。每當他看著陳列的商品，開始覺得這種生活無聊乏味，他厭倦了面對鏡頭戴上微笑面具才能換取客戶的訂單，直到業績下跌沒有達到銷售預期，他開始覺得自己不適合這個產業，正好金融界有人向他招手，開始有了轉換跑道的心念。

　　我們翻閱凱文的阿卡西紀錄，在裡面看到凱文對自己的人生沒有方向，他的個性非常容易先做

了再說，不多加思慮，這樣不慎重的思考方式讓他在人生中常常會做錯的決定，需要繞很大的彎路才學到經驗，這使他常換工作，在達不到目標之後，就產生轉職的念頭。凱文說這確實是他的個性盲點，他也常換工作，所以直播主這個工作也才做了半年，又起心動念想換另一份工作，到目前為止他已經換了十幾間公司，還有一個原因是害怕自己達不到目標。

在他的紀錄裡面，有一個技能是口說及面貌，也代表這間公司以目前來說是最適合他的，因為販賣的醫療用品是他的專業，他也說他熱愛醫療產品，自己本身也是合格的藥劑師，所以我們幫助凱文看到了他的天賦，也看到了在這一刻他要找回自己熱情，除了家庭工作，也要讓自己能適度的放鬆心情，滿滿地充好電回到直播業，也是幫助自己回到最佳狀態，更能專注在工作上。所以凱文開始去潛水，他說喜愛海底世界，這會讓

他身心同在，他也決定繼續留在目前的直播業，他想要改變，不再只有三分鐘熱度。他找回了自己的熱情，也在直播中再次達到了高標的業績。

■超意識鍛鍊：找尋美好事物

閉上雙眼，讓自身進入到沉浸的狀態，去找尋你今生中最享受或最被大眾關注的那一刻，比如在講台上演講，眾多眼光圍繞著你；在沙灘上曬太陽，享受自然的美好風情；在親朋好友的祝福下，與伴侶完成一場萬眾矚目的世紀婚禮。好好享受沉浸在這個片刻 10-15 分鐘。

開始以下兩種不同場景切換鍛鍊：

1. **旅遊**：運用你的想像力、進入到不同場景（或者是你沒去過的地方都可以），坐在通往他國的航班上，你正在享受一場從未有過的夢幻之旅，前往你嚮往的城市旅遊，例如：尼泊

爾、死海，享受當地的異地美食。

你的意識進入到尼泊爾，這裡擁有極原始的動物棲息叢林、欣賞極美的世界八大高峰、極虔誠與富含意義的宗教文化、享受當地美食與住宿，還有熱情好客的當地居民。去感受、體驗尼泊爾的風情文化。

2. **海洋**：運用你的想像力，你正在潛水進入到海底世界。

踏上一段非凡的旅程，揭開海洋世界迷人的美麗和魅力。這些迷人的水下地方充滿生機和奇蹟，發現它們隱藏的寶藏。從生機勃勃的珊瑚礁、觀察珊瑚礁的外觀、海中的熱帶雨林、魚類的活動、海洋生物，到神祕的沉船，讓您的好奇心和探索熱情引導您穿越迷人的水下世界。海洋世界裡充滿了萬象生態。潛水時不僅能沉浸在海的寧靜中，也能同時欣賞海洋世界的繽紛活力，讓人洗滌心靈並紓解煩憂。

Akasha

培養專注力，
找回內心平靜

　　現今的社會已經成為資訊爆炸的年代，資訊和數據量隨時大量的產生，每個人都是資訊的製造者。因為網路的普及，手機已是大家的生活必需品，人們在世界上各個角落，都能接收到最新的資訊。我們從各式的網站、APP、社交程式、資訊科技、通訊軟體，幾乎是零時差接收獲取訊息。每一種訊息都帶著一個目標進入我們的腦海：控制我們的注意力和資源。

　　經過資訊的轟炸，反而讓我們過著心煩意亂的生活，也造成了我們的專注力、創造力和成就的能力受到嚴重的

影響。並且確定的是，這些干擾不會自行消失。但是，我們必須繼續追求人生的目標，這是對自己人生的責任，在一個分心的世界中過上專心、有目的的生活。

　　維達會客室：請問現在許多人因為工作繁忙的緣故，無法讓自己真正地靜下心來，有什麼方法可以迅速地回到平靜的狀態？為什麼需要訓練專注力？

　　維達的回答：專注力是訓練你們強化意志，培養一定的訓練習慣，鍛鍊在追尋的過程中培養耐心、不斷成長進步，所以可嘗試以下練習。

■超意識鍛鍊：鑽木取火

運用你的內在之眼。鍛鍊靈魂的視野停留在一塊木頭上，一直使用工具鑽，鑽到這塊木頭出現火焰為止，練習的目的不是為了排除多餘的雜念，只是為了單一目標，形成不間斷的練習，鍛鍊持久的意志力，有耐心地練習，讓你的肌肉訓練回到最放鬆的狀態。每次五分鐘的練習即可，堅持下去。

■超意識鍛鍊：觀看螺紋圖案

在你的內在之眼裡專注觀看螺紋圖片，只是簡單地觀看，持續五分鐘，目的在於訓練不被重複發生的事件影響，有些人一開始觀看可能會頭暈目眩，很難持續，這是正常的現象，代表你平常沒有分配一些時間集中在一件事物上，所以一開始難以集中。

■超意識鍛鍊：行走在無限迴圈的樓梯

樓梯設置為一百層，運用你的內在之眼，觀察隨著你的意識，你正走在無限延伸的樓梯，以十層為一個階段，請觀察你自己的意識在行走的過程當中，是否能走得順利，會不會在途中碰到路障、會不會很疲勞或走到一半就沒有恆心繼續走下去，這也是習慣的形成，有耐心地培養一個習慣，說明在生活中追逐目標的同時，不容易半途而廢、中途放棄。

Akasha

鏡子反射練習

　　我們大多數人都會將照鏡子與自戀或自卑感聯繫在一起，但學習如何在自己的倒影中看待自己，可以增加自我同情、幫助壓力管理、改善人際關係和情緒恢復力。

　　每個人都喜歡去分析解剖他人，以自我的準則去評斷他人的對錯與否，反而對自我的認知不夠深刻。花時間去研究別人，卻無法透析自己，無法解決自己的悲傷與憤怒，需要他人的幫助與安撫，你才能平復心情，最好的解決辦法就是徹底地了解自我。如果找不到方法，建議你當事件發生時，答案不是單一不變的，會隨著時間、空間、過去、現在、未來而改變，也會因為你在接觸探索自我的

道路上產生事件的變化，一切都是那麼自然地發生，而你
自己真正要做的就是不斷地開啟自我，清楚知道自己快樂
幸福的來源，去除內心的恐懼害怕，去創造自己的理想
人生。

■超意識鍛鍊：明鏡自照

現在請閉上雙眼。想像有一面鏡子在你面前，花點時間觀看這面鏡子，你會看到在鏡子中反射的自己，這面鏡子將會顯示你的優點和缺點，生活是一面鏡子，它將你的形象照回給你。開始詢問自己的內心：

- 用三個形容詞描述你自己……
- 三個讓你最自豪的優點……
- 哪三個負面的想法是你最想要拋棄的？
- 你最大的弱點是什麼？
- 你最強的優勢是什麼？
- 你最恐懼的一件事情……
- 你最難過的一件事情……
- 你最幸福的一件事情……
- 你最愛做的一件事情……
- 你是如何做決定的（靠直覺還是邏輯）？
- 發生過什麼樣的事情，讓你覺得變得比以前堅

強……

- 你曾經因為什麼樣的事情發生，覺得自己變得很脆弱……

- 讓你最自在的地方在哪裡？

- 如果可以改變一個關於你的事情，你想改變什麼？

- 誰是你最親近的家庭成員，為什麼？

- 你小時候希望自己長大以後變成什麼樣的人？

- 如果你可以成為一個虛構人物，你會選擇誰？

- 如果你可以變成任何一種動物，你會選擇什麼？

- 有什麼事情是你永遠都會熱愛並想要知道更多，不停止學習的……

- 有沒有什麼事情是你還沒做過，卻一直想嘗試的……

- 如果賺錢不是重點，你的夢想工作是什麼？

- 你人生最深刻的回憶片段……

- 你有沒有感到後悔過？最後悔的是什麼？
- 如果你可以回到人生中任何一個時刻，你會想回到什麼時候？
- 如果你的人生中缺少了一件事，你覺得那是什麼？
- 如果可以給過去的自己一個忠告，會是什麼？
- 你最感謝的是什麼？
- 你最需要的是什麼？
- 對你來說最重要的是什麼？

■超意識迴圈規律鍛鍊：觀察鐘擺

請閉上雙眼，在內心投射鐘擺，觀察古老的鐘擺來回搖盪，你會聽見鐘擺傳出的滴答聲，這會形成固定的頻率，一開始可能會覺得這樣的練習很枯燥，就像你的人生中每天都會重複同樣的事，每天不斷進行一樣的動作，但只要產生固定的規律，它將幫忙你完成一個自我平靜的鍛鍊，

持續5到10分鐘。

■超意識迴圈規律鍛鍊：游泳訓練

　　請閉上雙眼，在你的面前投射出大型的游泳池，你將在游泳池裡來回游泳，距離約兩百公尺，觀察你的意識是否能在游泳池裡不費力地進行。

　　一開始可能會只游到中途沉到池底，這來自於沉重的心情。即便沉下去，你依然可以爬起來繼續，也可以嘗試將游泳池的水放淺，降低你的重力，類似在泳池裡走路。當你即將溺水，旁邊會有救生員前來幫助你，你不必只依賴自己的力量，偶爾可以求助，泳池周圍也會有你的親朋好友正在旁邊幫你加油打氣，給予你極大的鼓勵，讓你可以堅持下去。如果你覺得口渴，泳池旁會有礦泉水讓你可以及時補充水分，當你游完時，在終點會有樓梯，你可以順利上岸。這是你的潛

意識想要尋求幫忙，不用再只依靠自己，並會得到回應的練習。

■超意識迴圈規律鍛鍊：「皇后號」遇難記練習

想像有一艘輪船名為「皇后號」，在海面上不斷航行，幫忙你穿越時空，遊歷不同的國家，讓你知道自己的意識是無限的，你可以前往任何你意識到達的地方。

如果你的輪船碰到障礙，請想像你就是操控「皇后號」的船長，你可以轉彎，回到圍繞地球的軌道上，代表你的大腦都是以直線思考，偶爾需要轉換角度來看待同一事物，一件事情並不只有一個解決方法。如果你的輪船動力不足，請幫助它添加燃料，一直保持在航行的狀態，如果輪船碰到暗礁和暴風雨，請修補你的輪船，最終請觀察輪船的目的地在哪。練習的目的在於保持你

的意志力平穩。

■超意識迴圈規律鍛鍊：網球練習

　　想像你穿著網球選手的衣服，正準備拿起球拍，把網球打到牆壁上，但有時無法及時地接到彈回來的網球，代表你的內心正在被一些突發事件擊倒，請你努力地把網球撿起來，將網球打回牆壁，代表你必須重新拾起你的信心和希望。有時碰到偶然的意外不足為奇，練習的目的在於在挑戰的路途上，偶爾會碰到意外，但必須讓自己不會被輕易擊垮，重新站起來。

chapter

08

進入阿卡西場域

現在，我們將進入最後一個步驟，跟我一起進入到阿卡西的場域。我們將進行三個練習：**開發呼吸系統的冥想、開通潛意識管道、進入阿卡西紀錄。**

每個練習方法都需要透過重複的訓練和自我調整，你可以隨時自我切換，三個練習不分前後，但最重要的三件事是：一查看自己過去發生的事件，二觀看現在在身邊發生的事件，三預看未來還沒發生或即將發生的事件，清楚知道任何事物都有開發拓展的可能性。

如何將書中的練習落實到現實的生活中相結合，也是一大考驗。進入阿卡西你需要擁有開放的心胸，在此之前無論你接觸過什麼樣的方法、訣竅或門派，在接受阿卡西的這一刻，請學會融會貫通，任何訓練一定都是相互關聯且順序是可以切換的，端看你的心態能進行到哪一步，真正的改變來自於自己內心要真正地相信與接受，改變才會真正地開始。在進入阿卡西紀錄之後，請針對你想詢問的問題去提問，越仔細越好，不然這過程只是在浩瀚的資料庫中漫無目的尋找，真正敢於提出確切的問題，就能幫助你解決內心最脆弱的部分，療癒最傷痛的事件和記憶，

如果只看到事件帶來的負面情緒和傷痛，觀察並不代表解決，療癒傷痛並清理負面情緒才是能夠結束這件事情的有效方法。接下來，就讓我們進入主題吧！

Akasha

開發呼吸系統的冥想

在日常生活當中，我們都會因為繁雜的生活節奏而忘記自己的初心，當你想要尋找內心真正的渴望時，是時候該為自己找到正確的方向。首先，請你先開始練習呼吸切換，以開發呼吸系統的冥想，試著將呼吸調整到最順暢的狀態，呼吸代表著我們跟大地與地球的連結，如果能夠將自己呼吸的頻率調整與地球呼吸的頻率一致，使呼吸通順舒暢，也是加強自己立足於地球上的生存空間，你的思緒也會越來越清晰。

■冥想練習：忍者呼吸法

1. 開啟你的忍者技能天賦。

2. 你可以選擇站著、坐著或雙腿交叉盤坐，也可以舒適地躺著，雙手放在身邊。

3. 把一隻手放在你的肚子上，另一隻放在你的心上，感受你的心跳、感受你的胸膛擴張，花點時間注意心的感覺。

4. 吸氣時填滿你的腹部，讓氣飽滿，吐氣時腹部縮小，做一個腹式呼吸的運動，展開這個冥想旅程。做到這一點時，請將你的手放回原來自然的位置上。繼續深而緩慢地吸氣，透過你的鼻子，感受你的腹部，呼氣時像氣球一樣膨脹，通過你的嘴巴到鼻腔。用腹部呼吸可以幫助我們獲得更大更強的呼吸循環遍及全身。連續再做三個腹式呼吸，直到你平靜為止。

5. 這時想像自己是一位潛藏在水面之下的忍者（水面之下代表潛意識），觀察這位忍者是否能

夠在水面之下，使用竹管這樣的呼吸工具，在水面之下呼吸多久時間。你可能一開始會覺得呼吸急促或即將溺水，但請別擔心，這都是呼吸尚未調整一開始會有的狀態，藉由呼吸不被水面所吞噬，請把注意力集中在可以在水面之下的時間加強，並可以借用竹筒的媒介運作讓你的呼吸越加順暢，你會感到越來越放鬆，不被流動的水流所影響，在水面之下的時間越來越久，代表你已將呼吸調整到足夠穩定的狀態，並不被潛意識所淹沒。當你能夠穩定進入潛意識，代表你可以運用潛意識的力量開始運作創造，進入到阿卡西紀錄。

Akasha

開通潛意識管道

　　藉由上一個練習調整呼吸，接下來我們將運用潛意識的力量去創造場景，我將帶領各位去遊歷世界各國的美景，不僅是以觀光者的角度去遊歷，而是鍛鍊自己創造意識分割，同時觀想前往三個不同的區域國家時，鍛鍊能將你的專注力練習至收放自如，能夠分散也能集中，你的意識一切掌控在你手中，你也是你意識一切的主宰者。

　　以下是場景舉例，或你可以選擇你自己喜愛的場景：

場景1：紐約華爾街

場景2：梵蒂岡聖彼得大教堂

場景3：中國三峽

場景4：波斯灣

場景5：巴士海峽

場景6：巴西里約熱內盧基督像

場景7：美國自由女神像

■冥想練習：意識分割進入奇幻的異國旅遊

1. 首先找個舒服自由的位置坐下或躺下。

2. 先挑選你想要去的三個場景。例如場景1吉爾吉斯天山、場景2 多明尼加海洋、場景3 斯里蘭卡島。

3. 請閉上你的雙眼，我們即將展開一場奇幻之旅。

4. 在你的內在之眼，前方同時出現你剛剛挑好準備要去旅遊的三個場景。運用你的意識，分割三個畫面同時出現，每一個場景的路口有著你不同裝扮的穿著，搭配去到不同地區。也就是說此刻你的前方會出現三個不同裝扮的你，準備前往三個不同的場景。那我們就開始來一段充滿新鮮與冒險樂趣的旅遊體驗吧！

5. 這一刻，請讓你的意識「同時」去到三個區域或國家遊歷。觀察你的意識在遊歷這些國家的同時，在不同的場景裡同一時間運作（請注

意是三個場景同時運作），例如，你看到了什麼，你感受到了什麼，看到了什麼建築物、文化氣息、人物，你有遇到人與他們交流嗎？你甚至可以化身越野騎士尋找祕境，也能走進歷史場景感受實境文化探險經歷，又或是置身田野品嘗新鮮在地好味道，請盡情地感受不一樣的新奇旅遊方式，帶著你的意識用完全不同的角度以及旅遊體驗，感受腳下土地的真實美好與故事。

舉例：

場景 1：吉爾吉斯天山

你進入到有著兩千年悠久歷史的吉爾吉斯，是一個位屬中亞內陸的國家，你看到了遼闊山景與稀少人口，但卻有著最純淨的天山雪水、美麗草原和獨特飲食文化。你靈魂開始品嘗當地飲食享受一切，有如人間祕境般存在。請繼續

延伸。

場景 2：多明尼加海洋

你進入到多明尼加共和國位在中美洲加勒比海的中心，你看到了遼闊的海洋資源與熱情的中美文化。在這你感受到了豐富的文化資產之外，比鄰遼闊海景的舒適感，讓你靈魂志在放鬆與放空，心靈之旅完美假期再理想不過。請繼續延伸。

場景 3：斯里蘭卡島

你進入位於南亞的斯里蘭卡，有著「寶石王國」、「印度洋上明珠」的美稱，被認為是印度洋上最美的島嶼之一。在風味濃郁的咖啡香和茶香中，品嚐它們的美味。引導你自己的靈魂來到被列為世界文化遺產，有豐富的歷史文化價值地區。請繼續延伸。

6. 這場練習，鍛鍊你的意識分裂為三個分割面，在同一時間接收到三個分割面的訊息，之所以進行這樣的練習，是為了鍛鍊大腦意識能夠一腦多用，以後在面臨突發情況或意外時，不被這些突發意外所影響，不被煩躁的事物分心，創造多項思考，擁有多種方法的選擇運用。當你能夠在三個場景完整遊歷時，可以將數量提高到五個、十個，甚至更多，讓自己的意識無限創造不同的機會出現在同一時間。

Akasha

進入阿卡西紀錄

　　阿卡西紀錄會依照個人的個性、內心狀態、身體構造而形成各式各樣的呈現方式，如：生命之樹、檔案室、雲端系統、圖書館、博物館、電腦晶片、科技場景等。

　　進入自身的阿卡西生命紀錄博物館，進入的步驟和進入阿卡西圖書館一模一樣，一開始先創造光的路徑，引導自己觀看到大英博物館，先觀察博物館的外觀風格，這是一座古典類型的英式建築形式建築物，再觀察博物館內部收藏品的擺放位置：有從未見過的書籍、植物、畫作、關於世界各地不同文化的各種資料等等，看看博物館周圍的裝飾是否會過於老舊，大門、收藏櫃是否能夠順利打開，

詢問自己的阿卡西紀錄是使用哪個收藏品或藝術品而命名，這就是你的阿卡西紀錄所在，找到以自己名字所命名的阿卡西紀錄之後，請嘗試提問你想詢問的問題，例句：

1. 我想詢問阿卡西紀錄，我與父母之間經常發生口角、矛盾不斷，我的情緒要如何解決？

2. 我想詢問阿卡西紀錄，我與主管的關係一直不合，始終無法達到主管的要求，目前的事業碰到阻礙，我要如何執行才能讓主管滿意？

3. 我想詢問阿卡西紀錄，我與我的伴侶觀念一直沒有辦法契合，總是會為了生活中的小事吵架，我要如何修補這段感情關係？

4. 我想詢問阿卡西紀錄，我遇到了中年危機，我想轉換人生跑道，找尋未來的人生方向，我想要了解我未來的創業是否能夠成功？

5. 我想詢問阿卡西紀錄，我最近的身體狀況不是太好，我的胃口不佳，看到美食都提不起興趣，我是不是最近的情緒受到了影響？

6. 我想詢問阿卡西紀錄，我為何來到這個家族，
   我有何目的？

進入阿卡西紀錄，按照你想提問的都可以進行，不論是人際關係、兩性關係、親子關係、工作事業、金錢收入、身體健康、原生家庭、土地買賣、法律糾紛、未來走向、已故親友、人物、寵物的潛意識想法、人生的抉擇、靈魂的目的和選擇、未來的建議參考等，都可以進行詢問，當你詢問的問題越仔細準確，得到的阿卡西紀錄訊息也會越加符合你的需求。嘗試打開自己的內心，聆聽你的指導靈有沒有一些隱藏的話語想要對你描述說明。

■冥想練習：進入我的阿卡西紀錄之大英博物館

1. 請閉上您的雙眼，我們將啟程踏上從上古時代就存在的阿卡西的旅途。隨著意識轉換、冷靜的頭腦和引導的路徑，你將進入阿卡西紀錄博物館。你可以在你的專屬紀錄裡面找到你需要的答案並獲得支持，或者無論何時你需要指引方向，都可以隨時進入你的紀錄庫找到答案。而在你的紀錄庫裡面你會找到你要的答案，並可為你的最高利益而選擇更好的生活。

2. 現在我要請你專注於心情放緩歸於平靜，放慢你的呼吸步驟，感受到你的心胸充滿了養分，放鬆你的身體蔓延到你的腿部，每次呼吸都變得更放鬆，直到你完全回到你內心的平靜，吐氣時吐出你所有的焦慮及煩惱，每個想法都被吹到一邊不再干擾你，每次吸氣都有種寧靜的感覺，持續呼吸吐氣直到你完全平靜下來。請

注意你的呼吸振動如何變化，繼續將你的呼吸送入你的身體，觀察你的整個身體是如何被你的呼吸覆蓋純淨的光能量。讓這更輕、更高的頻率不僅擁抱你的身體及周圍的空間。現在，我邀請你脫離你的自我意識，放下你對未來的任何期望，放下任何具體結果，只要加強你的超感官知覺和接受能力。

3. 此刻在腦海中或大聲複誦以下進入阿卡西紀錄的詢問語言，這將創造通道讓你的靈魂找到你正在尋求的答案以及充滿活力的途徑。每一個字都將讓你感受且會帶動你的能量振動上升得更高：「我請求宇宙源頭能量將我圍成一圈白光以提供保護和力量。協助我的靈魂，我請求紀錄管理者允許，我打開並閱讀了我的阿卡西紀錄，在最神聖的地方，並感謝阿卡西紀錄的指導靈們一同加入並允許。」

感受頻率連結的轉變，溫柔的能量正在傳送給

你。在這一刻，你準備好了，準備好面對你內心的真相。深深感受到更平靜和信任，感覺你的心更自由，感覺你自己與靈魂合為一體。

4. 在你的面前觀想你此刻站在一個溫暖美麗有噴泉的花園中，這是一個夏日的午後，你穿著柔和的白色衣服且特別的涼爽，你光著腳去感受大地的堅實觸感，噴水池的材質是用石頭做的，水流過華麗的雕刻，透過水的流動你注意到刻在石頭上的一句話：歡迎來到專屬你的大英博物館入口。環顧花園四周，看到一堵古老的石牆，你需要一個通行證，讓自己回到阿卡西紀錄的詢問語句：「我請求宇宙源頭能量將我包圍在一圈白光中以提供保護和力量，願我加入我擴展靈魂的意圖，記住我是誰以及我為什麼在這裡，因為它都寫在阿卡西紀錄中。我請求紀錄管理者允許我打開並閱讀我的阿卡西紀錄。感恩給我阿卡西紀錄的指導靈們。」

5. 在你的正前方，有著一條筆直的石頭路，指引著你往大英博物館的大門前進。順著這條石頭路，你看到了遠方有個古典的英式建築形式的博物館，你仔細看這博物館門口的招牌文字，這博物館就是你的阿卡西紀錄庫。現在我要請你花點時間看看這博物館有多大多寬、幾層樓、外表給你呈現的樣貌是什麼，請仔細觀察它。

6. 現在是時候打開你的阿卡西紀錄庫大門來一探究竟：開門後，請你仔細描述你看到的任何資源及寶藏，是否有你從未見過的收藏品、藝術品，或關於文化的各種書籍資料等等。你的博物館裡面收藏品是如何規劃及分類的，請翻本書看一看，封面是什麼？它有多厚？有幾頁及內容是什麼？記得這是你的阿卡西紀錄庫，你想怎麼翻閱都可以。你的博物館為何呈現這種風格？代表的意義是什麼？環視四周。在這

裡可以找到無窮無盡的書架，上面有古籍和文獻。它們包含整個宇宙的智慧和無窮力量知識，世代相傳，世間萬物在過去、現在和未來。最重要的是，它包含所有關於你的資訊，關於你的現在和所有的前世，你的未來和所有的變化空間。在這裡花點時間，在偌大的博物館，呼吸著涼爽清新的空氣和紙質書本的味道，你再深吸一口氣更可滋養肺部。

7. 繼續沿著書架走，挑選一本最吸引你的書，感受它的重量，封面顏色深淺。並設定一個意圖來獲得你要得到的答案，也就是你今天來到這個冥想的目的。深吸一口氣，然後呼氣，打開書。閱讀或感受最高能量領域為你傳達的資訊。吸收資訊並感受它要傳達給你的智慧。當你完成的時候，對這本書表示感謝，親切地把它放回去，繼續走下去。

8. 再挑選第二本書，設定另一個意圖，它可以是

關於你的過去或未來，感受其頁面的粗糙度，
對你的靈魂訴說你會在動態圖片中得到明確的
答案。仔細觀看出現在你面前的圖像並記得
它。完成後記得感謝，然後把它放回架子上。

9. 現在，為你的未來設定一個目標。它可能是你
想要實現、擁有或成為的人，不管是什麼，相
信你挑選的書將包含有關如何在你未來的生活
中實現它的寶貴資訊。請阿卡西紀錄帶你到達
那裡的路徑，挑選一本書並打開它得到答案，
並調入其頻率在你的靈魂中創造與這個更高的
共振訊息，記住這種振動並將其保存在你的心
中。合併它跟你的想法，並相信它很快就會實
現。完成時，說聲謝謝，合上書，書本放回它
原有的位置。

10. 此刻你的本質已經豐富了許多，帶著輕盈、自
信和更多的感覺，去接受它，此刻與它同在。
讓你心中對阿卡西紀錄的智慧及感激之情席捲

而來。現在在腦海中或大聲重複結束語：「我深深地感激，我感謝我的阿卡西紀錄庫提供給我的所有資訊、智慧和治癒。願我所得到的一切，只要需要，就繼續幫助我。我的阿卡西紀錄現在關閉了。」

11. 想像自己走出博物館，離開光明的領域，把你獲得的智慧保存在你的心中。繼續照耀你自己並遵循自己光的道路。並讓以下正向肯定語深入你心，進入你的潛意識和靈魂層面：

我是強大的，堅強地活出我的本真。

我願意面對我靈魂的真相。

我向上有彈性，可以走自己獨特的道路。

我知道我靈魂最深處的渴望。

我走向我未來的夢想，完全活在我的現在。

我清楚地看到我生命的意義。

我設定明確的意圖來實現我的結果。

每天我都敞開心扉接受宇宙為我準備的美麗驚喜。

最後，讓你生命中的每一根纖維吸收這些美麗而有力的話語。花點時間在這個頻率中沐浴片刻。再慢慢地，回到你的心跳，回歸身體，到你的手指、腳趾、腳踝和手腕。全身舒展、吸氣、吐氣，感謝自己有這段治癒時間來探索你的靈魂。在適合的時候，睜開你的眼睛。感謝共度這段寶貴的時光，美麗的靈魂。

Akasha

結語

閱讀完這本書，透過「維達」的傳訊，在這位親切又具有智慧的「宇宙學者」詳細解說下，我們處在阿卡西的場域中，相信大家清楚理解到地球的不同面貌。我們的觀點是，靈魂在成長的道路上，會因為周圍環境的變遷，開始思考和審視自己，任何所做出的行為和決定，都會開始影響到周圍的人、環境、物品，未來的結果往往會因為一個毫不起眼的舉動，而形成巨大的波瀾。面對情緒變化和身體反應時，代表著靈魂也在這一刻提醒著我們，不盲目地著眼於當下，認真對待發生在周遭的每一件事，而不是急迫地給予當下的反應，又以匆匆忙忙的心態去對待下一

件事。

在我們服務過的客戶個案和學員中，有一部分人在面對自己心裡深處埋藏的情緒，看到自己靈魂的真相，會難以接受自己會有這樣疲憊不堪的一面。人類在社會互動中，總是想把自己最好、最自信的特點，展現給同事、主管、父母、伴侶，但我們卻忘記了在展現最優秀自己的同時，偶爾也需要去安撫自己潛意識受傷的心靈層面，我們往往會因為他人的需求和認同，刻意地忽略和輕視自己，總是想要從他人的目光中得到讚賞和歡呼，但其實最需要認同的反倒是最真實的自己。

也有一部分人對於未來的目標是盲目的，他們不知該何去何從，只是機械式地按照生活節奏，麻木地去面對自己的人生，這樣一再重複的思維運作和行為模式，甚至於可能與前世的習性相同，而又陷入同樣的情境之中，導致現今的人生再次出現與前世相同的課題，有些客戶和學員認為前世距離今世很遠，還不足以影響著今生，但其實只要身體、心理、精神任何一個面向在運行的同時，這些前世的記憶就會隨著意識的甦醒，而再次以不同的生活現象

提醒。也有一部分人，滿足於現狀，對於物質和精神世界不再有過多的追求，從靈魂的角度去剖析，反而會讓他們越來越失去熱情和動力，不再有明確的目的讓自己有活力去實現夢想。

在探索旅程中，我們的潛意識也是非常重要的一環。潛意識所養成的習慣，是我們頭腦中紀錄我們所做的一切與我們參與的每項活動，我們對這些活動的每一個想法，以及我們每天遇到的好惡。我們根據我們不知道的信念睡覺、做夢和行為時，它會變成是我們熟悉的思想部分。儘管潛意識沒有忘記任何事情，但我們的這部分意識仍然隱藏在我們的日常意識中。換句話說，潛意識會影響我們每天所做的大部分事情，但這些影響來自過去的行為和我們從中養成的習慣。

阿卡西紀錄不僅僅從靈魂的內在角度，去幫助我們看到潛在的盲點、未知的威脅、人生方向、靈魂來由、生命藍圖，也從外在的世界現況，從人文、社會事件、個人處境和心態、家庭教育、基因血緣、人際關係，讓我們一再地認知到靈魂的改變過程。我相信，每個人都可以拿回幫

助自己改變的權利，放下不必要的責任和義務，真正實現「靈魂自由」！

我們的靈魂時時刻刻都在提醒著我們，靈魂的成長史與世界的歷史也是驚人地相似，事件總是不斷地重演，它一再重複地成為人生影像出現在我們面前，我們卻因為生活的步調快速，忘記了靈魂的歷史回顧與展望。當難題再次出現的時候，我們卻總是以消極的態度，去對待發生的事物，一味地屈服與遷就，反倒成為前進的阻礙，讓自己停滯不前。生活的動力來自於拚搏的幹勁、奮鬥的精神，以及一往無前的勇氣，自信狀態和自我價值的實現來源於不斷鼓勵、接受、認同自己。「心存萬物」這句話相信大家都有聽過，如果我們每個人在此時此刻，不再逃避地以中立的角度，去坦然面對自己和周圍的事物，將會發現，任何問題自然就會有答案，而宇宙也會收到我們內心的請求與呼喊，以我們最期待的方式回應著。

最後，希望大家都能找到自己內心真正的方向，從「心」出發，適時地包容接納自己，將會幫助你創造無限大的空間，一切皆有可能，只在於你如何設定自己的信念。

參考資料

中文參考書目：

- 《原子習慣》詹姆斯・克利爾著／蔡世偉譯／方智出版社／2019年出版

- 《聖經故事》張久宣著／書林出版有限公司／1993年出版

- 《馬太福音研讀之五：十四至十七章到榮耀裡去的路徑》朱韜樞著／歸主出版社／2018年出版

- 《道成了肉身：約翰福音猶太背景註釋》黃德光著／基道出版社／2018年出版

- 《圖解舊約新約聖經：從創世紀到啟示錄，深入淺出理解聖經的世界》大島力 著／李瓊祺譯／台灣東販股份有限公司／2019年出版

- 《進入北歐神話的世界：神族・巨人與人類的故事》杉原梨江子著／李友君譯／台灣東販股份有限公司／2013年出版

- 《北歐神話》李映萩編譯／水牛文化事業有限公司／2002 年出版
- 《吉爾伽美什》延斯・哈德著／湖南美術出版社／2021 年出版
- 《全世界史講義 I：古代・中世紀篇》出口治明著／周若珍譯／遠足文化事業股份有限公司／2018 年出版
- 《失落的文明：巴比倫帝國》劉增泉著／五南圖書出版股份有限公司／2016 年出版
- 《偉大的世界奇蹟：繞著地球慢慢走》洋洋兔著／螢火蟲出版社／2019 年出版
- 《世界七大奇蹟》達尼洛・格羅西著／顧志翔譯／新雅出版社／2009 年出版
- 《龍的根：中國史話五千年》余紫榴著／商務印書館（香港）有限公司／2016 年出版
- 《近代龍神信仰：龍・船・水與競渡》黃麗雲著／博揚文化事業有限公司／2012 年出版
- 《諸葛亮》陳秋帆著／台灣東方出版社股份有限公司／2008 年出版

- 《三國智聖諸葛亮上下》朱真著／普天出版家族有限公司／2018年出版

- 《史記上下》司馬遷著／台灣商務印書館股份有限公司／2010年出版

- 《新譯史記(一）～(八)》韓兆琦注譯／三民書局股份有限公司／2018年出版

- 《恐龍時代：侏羅紀晚期到白堊紀早期的古地球生物繪圖觀察筆記》胡安‧卡洛斯‧阿隆索、葛瑞格力‧保羅著／顧曉哲譯／積木文化出版社／2017年出版

- 《探索知識大百科：侏羅紀世界》人類文化編輯部著／人類文化事業股份有限公司／2021年出版

- 《物種起源》查爾斯‧達爾文著／舒德干等譯／五南圖書出版股份有限公司／2022年出版

- 《人類的由來及性選擇》查爾斯‧達爾文著／葉篤莊與楊習之譯／五南圖書出版股份有限公司／2022年出版

- 《在地球瀕臨滅絕時，還原達爾文：讀懂達爾文與物種起源》楊照著／本事出版 ／2017年出版

- 《穿越六道輪迴之旅》德洛‧達娃‧多瑪著／項慧齡譯

／橡樹林文化出版社／2011年出版

- 《唐卡中的六道輪迴與地獄精神》紫圖楊典著／八方出版社／2007年出版

- 《佛教的手印》洪啟嵩編／全佛文化事業有限公司／2000年出版

- 《禪宗的傳承與參禪方法》洪啟嵩著／全佛文化事業有限公司／2005年出版

- 《禪觀秘要》洪啟嵩著／全佛文化事業有限公司／2011年出版

- 《佛教禪法之研究：依據巴利尼卡雅及漢譯阿含經》釋洞恆著／秀威資訊科技股份有限公司／2014年出版

- 《解讀易經的奧秘 卷十六：誠意溝通天地人》曾仕強著／陳祈廷編著／曾仕強文化事業有限公司／2015年出版

- 《周易本義》張耀建著／萬卷樓圖書股份有限公司／2016年出版

- 《正見‧三字經》正見編輯組著／益群出版社／2009年出版

- 《三字經》王應麟著／典藏閣出版社／2004年出版

- 《華盛頓》華盛頓・歐文著／高莉莉譯／五南圖書出版股份有限公司／2012年出版

- 《時代的驚奇：華盛頓如何形塑自己成為革命的象徵、共和國的領袖》約翰・羅德哈莫著／陳信宏譯／人文社群出版有限公司／2019年出版

- 《林肯傳》戴爾・卡耐基著／潮21Book／2018年出版

- 《黑奴解放者林肯：解放奴隸宣言╳蓋茲堡演說，賭上性命只為換取全美的和平與正義》潘于真著／崧燁文化事業有限公司／2022年出版

- 《自由，凌駕一切：美國人文景觀的塑造者》林博文著／大塊文化出版股份有限公司／2016年出版

- 《林肯外傳》戴爾・卡耐基著／布拉格文創／2014年出版

- 《白宮的主人》劉自生編／正中書局／1993年出版

- 《林肯的智慧》任仲倫著／新潮社文化事業／2007年出版

- 《戰爭對美國人民自由權之影響》楊日青教授／國立政治大學學報第五十八期／1988年出版

- 《阿道夫‧H‧希特勒：一個獨裁者的一生》托馬斯‧桑德庫勒著／林繼谷譯／麥田出版社／2017年出版

- 《解讀希特勒》塞巴斯蒂安‧哈夫納著／景德祥譯／譯林出版社／2016年出版

- 《共和國的守護者：馬基維利、拿破崙與托克維爾》羅斯‧金恩、保羅‧約翰遜、約瑟夫‧艾普斯坦著／吳家恆、李怡芳、柯慧貞、傅士哲譯／左岸文化出版社／2016年出版

- 《法國大革命和拿破崙——現代世界的鍛爐》林恩‧亨特著／董子云譯／中信出版社／2020年出版

- 《近未來宇宙探索計畫：登錄月球×火星移居×太空旅行，人類星際活動全圖解》InfoVisual研究所著／陳識中譯／台灣東販股份有限公司／2022年出版

- 《太空政策、國際政治與全球治理》廖立文著／成大出版社／2019年出版

- 《宇宙零時：從太陽系倒流回大霹靂‧宇宙謎團的解答之書》張天蓉著／清文華泉事業有限公司／2021年出版

- 《尋找太陽系外的行星：天文學家莎拉‧西格的愛與探

索》莎拉・西格著／廖建容譯／天下文化／2021年出版

- 《地球生存地圖：88張環境資訊圖表，看懂世界資源消耗與氣候危機》《科塔普》雜誌著／黃慧珍譯／商周出版／2021年出版

- 《地球不在乎：被氣候變化毀掉的餐桌》威爾弗里德・博默特、瑪麗安娜・蘭策特爾著／景穎捷譯／浙江大學出版社／2021年出版

- 《珊瑚世界的探索與了解》國立海洋生物博物館著／國立海洋生物博物館／2011年出版

- 《海底世界：珊瑚礁和魚類的天堂》斯卡巴瑞潛水樂園著／郝曉靜譯／希望出版社／2007年出版

- 《蜂巢：蜜蜂與人類的故事》比・威爾遜著／生活・讀書・新知三聯書店／2019年出版

- 《祕密》朗達拜恩著／謝明憲譯／方智出版社／2007年出版

- 《引誘科學：在分心時代，如何抓住眾人注意力，讓世界聽你的、看你的，甚至願意掏錢買單？》班・帕爾著／閻蕙群譯／三采文化出版社／2016年出版

- 《矽谷禁書》查爾斯‧哈奈爾著／莊慈芬譯／德威國際文化事業有限公司／2010年出版
- 《跟著大師走進名畫場景看細節》山田五郎著／陳姵君譯／台灣東販股份有限公司／2023年出版
- 《畫中有話：花邊教主帶你看名畫背後的故事》胡琮淨著／時報文化出版企業股份有限公司／2023年出版

觀點論述參考書目：

- 《成為偉大領袖前，上帝先從「牧羊」門訓他們！陳安誠牧師：培養好牧人和羊的雙向關係》林子騫報導／基督教今日報／2020年報導
- 《解析巴比倫通天塔：一條通往天堂的路》／每日頭條歷史分類／2016年發表
- 《中國龍的起源和傳說》／每日頭條文化分類／2016年發表
- 《人類進化史之謎，達爾文為何提出這些理論》／GETIT01.COM／2006年發表
- 《亞當和夏娃》耶穌基督後期聖徒教會／2021年發表

- 《一代偉人林肯總統與他的戰時戒嚴》／仰岳／大紀元／ 2020 年發表

- 《來自礦石王國的訊息──建構合成小聖壇》／【宇宙聖境】Yahoo 部落格／ 2007 年發表

- 《不平凡的母親，聖母瑪利亞的聖經故事》／ SBS 中文網／ 2019 年發表

- 《價格品牌影響味覺！專家揭「神經美食學」竟會改變大腦活動》／ ETtoday 新聞雲／ 2018 年發表

- 《虛幻的味覺：神經學家欺騙大腦，有望把苦味變成甜味》每日頭條科學分類／ 2017 年發表

- 《你的舌頭奇妙無比！》林彥瑋醫師／無恙森林自然牙醫診所／ 2016 年發表

- 《希特勒為什麼要發動二戰？看看當時德國人的生活就知道了》／每日頭條歷史分類／ 2019 年發表

- 《揭密：拿破崙與希特勒為何都慘敗給俄國？》／陳慶餘／中時新聞網──話題／ 2016 年發表

- 《以色列人和猶太人不是一回事》老將說車／每日頭條／ 2017 年發表

- 《一分鐘弄懂「三才者，天地人」的真正涵義》／每日頭條／2019年發表

- 《世界上十大最著名的畫作》／每日頭條文化分類／2016年發表

- 《西方風景都在畫什麼？十七、十八世紀篇》／張琳博士／國立清華大學／漫遊藝術史X中央藝研所部落格／2017年發表

- 《受海豚啟發新型雷達可發現路邊炸彈》／林杉路西／BBC NEWS中文網／2013年發表

- 《海豚智商高？海豚音是什麼？5個冷知識讓你更認識迷人的海豚》Greenpeace綠色和平網站／2021年發表

- 《音樂的頻率432 440與528赫茲Mira米拉》／靈性世界SoulEvolve網站／2016年發表

英文參考書目：

- 《Schumann Resonance Brainwaves, Neuro(-) feedback and Beyond》 ／ Igor Nazarov（Author） ／ Independently published ／ 2019.12

- 《432 Hz; The Magic and Mystery of Sound and Music》 ／ Jonas Malvik（Author）／ Independently published ／ 2019.8
- 《Oracles of the Sea: The Human Dolphin Connection》／ Aurora Juliana Ariel（Author）／ Aeos Inc ／ 2013.7
- 《The Gospel of John: What Happens When We Believe? 》 ／ J.R. Heimbigner（Author）／ Independently published ／ 2021.3
- 《Abraham Lincoln: The Prairie Years and The War Years》 ／ Carl Sandburg（Author）／ Clarion Books ／ 2002.11
- 《Washington: A Life》／ Ron Chernow（Author）／ Penguin Books ／ 2011.9
- 《Climate Change and Life: The Complex Co-evolution of Climate and Life on Earth, and Beyond》／ Gabriel Filippelli （Author）／ Elsevier ／ 2022.12
- 《The Babylonian Legends Of Creation》／ Sir E.A. Wallis Budge（Author）／ B00LVKI1MC ／ 2014.7
- 《Across the Rainbow Bridge: Stories of Norse Gods and

Humans》╱ Kevin Crossley-Holland（Author）╱ Candlewick
Studio ╱ 2021.12

- 《The Rise and Fall of the Third Reich: A History of Nazi
  Germany》 ╱ William L. Shirer（Author） ╱ Simon &
  Schuster; Reissue ╱ 2011.11
- 《Napoleon: A Life》╱ Andrew Roberts（Author）╱ Penguin
  Books; Reprint ╱ 2015.10

閱讀阿卡西紀錄：看見零距離的鑰匙

作　　者－郁康梅、王幼辰
主　　編－林菁菁
企　　劃－謝儀方
封面設計－吳文綺
內頁設計－李宜芝

總 編 輯－梁芳春
董 事 長－趙政岷
出 版 者－時報文化出版企業股份有限公司
　　　　　108019 台北市和平西路三段 240 號 3 樓
　　　　　發行專線－ (02)2306-6842
　　　　　讀者服務專線－ 0800-231-705・(02)2304-7103
　　　　　讀者服務傳真－ (02)2304-6858
　　　　　郵撥－ 19344724 時報文化出版公司
　　　　　信箱－ 10899 臺北華江橋郵局第 99 信箱
時報悅讀網－ http://www.readingtimes.com.tw
法律顧問－理律法律事務所 陳長文律師、李念祖律師
印　　刷－勁達印刷股份有限公司
初版一刷－ 2023 年 7 月 21 日
初版三刷－ 2024 年 5 月 10 日
定　　價－新臺幣 390 元
（缺頁或破損的書，請寄回更換）

 時報文化出版公司成立於 一九七五年，
並於一九九九年股票上櫃公開發行，於二〇〇八年脫離中時集團非屬旺中，
以「尊重智慧與創意的文化事業」為信念。

閱讀阿卡西紀錄：看見零距離的鑰匙 / 郁康梅、王幼辰
著 . -- 初版 . -- 臺北市：時報文化出版企業股份有限公司，
2023.07
　面；　公分

ISBN 978-626-353-969-3(平裝)

1.CST: 靈修

192.1　　　　　　　　　　　　　　　　112008609

ISBN 978-626-353-969-3
Printed in Taiwan